💡 혼자 사는 집도 예뻐질 수 있어!

1인 가구를 위한 셀프 집 꾸미기

1인 가구를 위한
셀프 집 꾸미기

펴낸날 2021년 10월 21일
2쇄 펴낸날 2021년 12월 17일

지은이 최유정
펴낸이 주계수 | **편집책임** 이슬기 | **꾸민이** 이슬기

펴낸곳 밥북 | **출판등록** 제 2014-000085 호
주소 서울시 마포구 양화로 59 화승리버스텔 303호
전화 02-6925-0370 | **팩스** 02-6925-0380
홈페이지 www.bobbook.co.kr | **이메일** bobbook@hanmail.net

© 최유정, 2021.
ISBN 979-11-5858-820-5 (13590)

※ 이 책은 저작권법에 따라 보호받는 저작물이므로 무단전재와 복제를 금합니다.

혼자 사는 집도 예뻐질 수 있어!

1인 가구를 위한 셀프 집 꾸미기

최유정

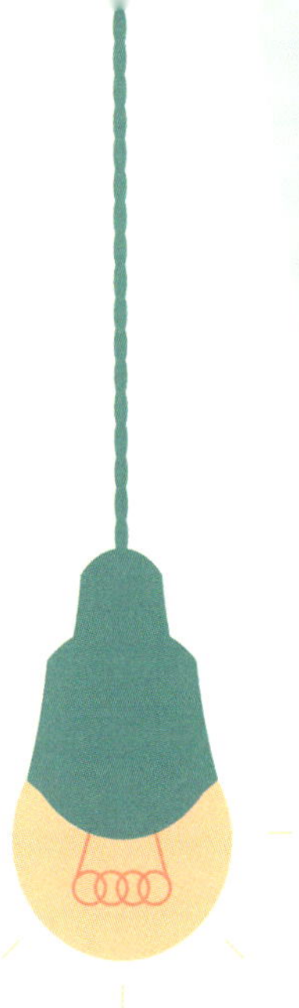

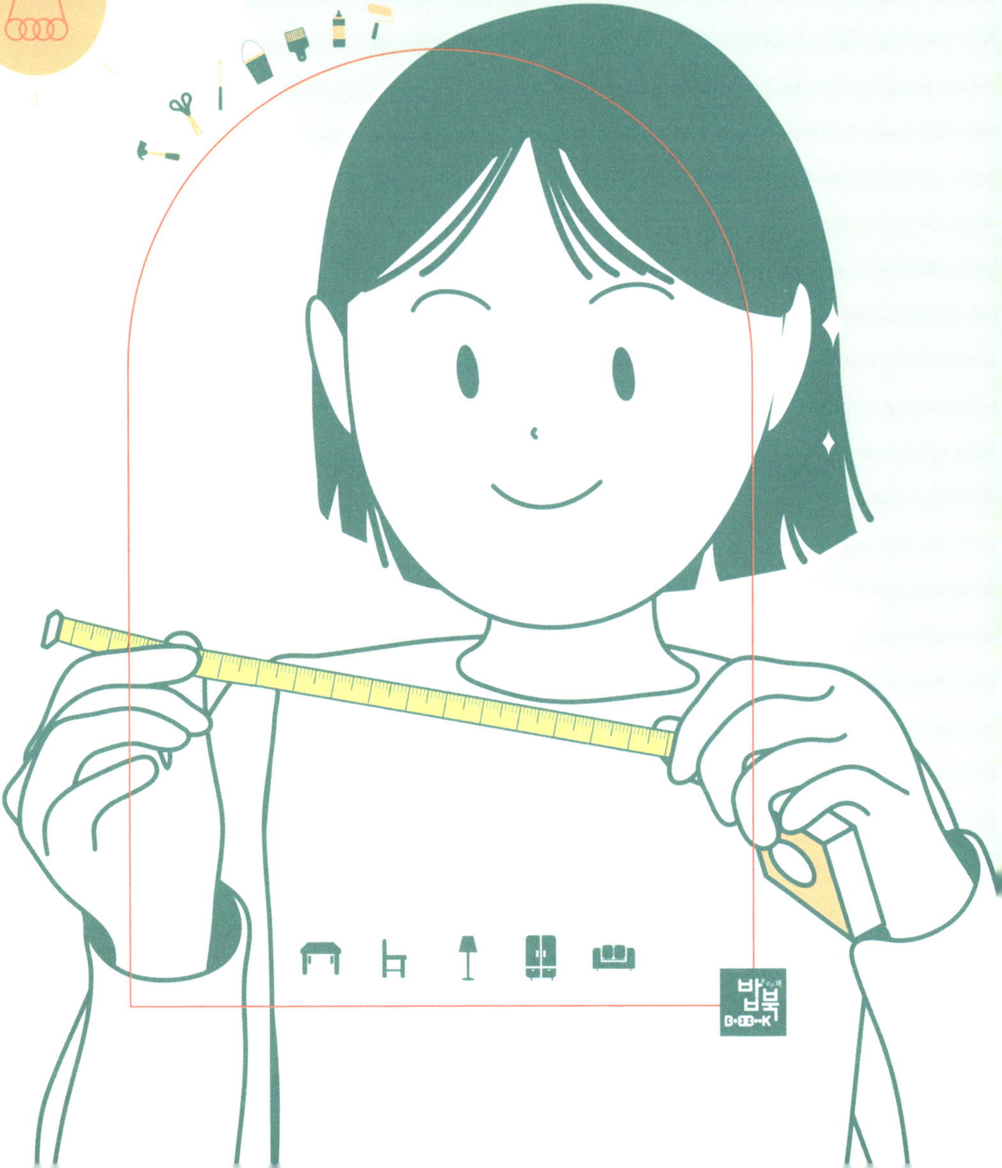

밥북

머리말

이야기를 시작하며

하루를 살아도 예쁜 집에서 살고 싶다고 생각하는 사람이 많아졌다. 하지만 생각만큼 쉽지 않은 것이 예쁜 집 만들기. 생각을 조금 바꿔보면 어떨까? 나를 편안하게 해주는 집으로 목표를 세운다면 더 쉽고, 더 온전한 행복을 집에서 누릴 수 있을 것이다. 코로나 팬데믹이라는 특수한 상황이 집에 대한 모든 것을 바꾸어 놓았다. 이제 집은 일부 사람에게만 가치 있는 공간이 아닌 모두에게 특별한 공간이다. 특히 집에 큰 의미를 두지 않았던 1인 가구, 독리버들의 집에 대한 생각은 최근 몇 년간 가장 크게 변화한 것 같다.

공간 컨설턴트로 학원, 사무실, 매장, 아파트, 빌라 등 다양한 공간을 컨설팅하고 있는 보통의 나날들이었다. 어느 날 매체 촬영 차 반지하 원룸에 거주하고 있는 남성 독리버의 공간 스타일링을 하게 되었다. 물건이 많지 않았지만 원룸이라는 고정관념에 사로잡혀 모든 가구를 벽으로 붙여서 사용하고 있었다. 황량하기 그지없는 이 공간을 3시간 만에 바꿔야 했는데 포인트 컬러를 넣고 배치를 바꾼 뒤 몇 가지 조명과 러그로 연출을 했더니 완전히 다른 공간으로 변신했다. 새로 구입한 가구는 없었다. 처음에는 있는 가구로 공간을 바꿔주겠다는 나의 말에 의심의 눈빛을 가득 보내던 그 공간의 주인공도 다 바뀐 모습을 보고 너무 행복해했다. 그때 나는 그동안의 컨설팅에서 느낄 수 없었던 충만함과 알 수 없는 의무감에 사로잡혔다.

'독리버의 첫 공간을 잘 꾸며주고 싶어!'

그래서 시작한 것이 바로 '온라인 공간 컨설팅 서비스'이다.

사실 오프라인 공간 컨설팅, 스타일링 비용은 상당하다. 의뢰인의 취향을 찾아내어 시각적인 결과물을 만드는 디자이너의 수고스러움을 생각한다면 당연한 비용이지만 본인의 취향조차 알지 못하는 독리버에게는 아직 과분하다. 이런 생각에서 나는 온라인 공간 컨설팅 서비스를 만들었다. 독리버의 예산을 고려하여 거실, 침실, 서재 등 한 공간씩 신청할 수 있게 했고 온라인 회의 사이트에서 실시간으로 도면을 그려가며 가구, 소품을 배치함은 물론 예산에 맞게 리스트업(List up)까지 해주는 방식으로 진행하고 있다. 사회초년생으로 바쁜 하루를 보낼 그들을 고려해 컨설팅 시간은 야간으로 정했다. 처음 주변의 반응은 다소 냉소적이었다. 에너지를 많이 사용해야 하는 일이고 경제적으로 크게 도움이 되지 않으며 포트폴리오 활용도 어렵기 때문이었다. 조금 흔들렸던 것도 사실이지만 다소 생소한 방식이라 어차피 신청자가 없을 수도 있겠다는 생각에 용기를 내어 일단 서비스를 오픈했다. 반응은 생각보다 폭발적이었다. 내 예상대로 독리버들의 신청이 줄줄이 이어졌다. 경제적 이유로 넓었던 공간에서 좁은 공간으로 이사하는 독리버, 친구와 함께 지내다가 이사하는 독리버, 청년주택에 입주하게 되어 설레는 마음으로 이사준비를 하는 독리버 등 다양한 사연을 가진 독리버들이 신청을 해주었다.

지금까지 100여 공간 이상 컨설팅을 진행하면서 놀랐던 점은 독리버들은 실측이 무엇인지, 평면도가 무엇인지, 독립하면서 필요한 가구는 무엇인지조차 모르는 분들도 너무 많다는 사실이다. 또 집주인의 요구 때문에 찢어진 장판 위에서 잠들거나 커튼 하나 달지 못하고 생활하는 안타까운 독리버도 많았다. 큰 비용을 투자하여 내 공간을 꾸밀 수 있다면 그것이 가장 좋겠지만 독리버들에게 현실은 만만치 않다. 잠시 거주하는 곳이라서 세입자이기에 지켜야 하는 여러 제약이 많아서 등 다양한 이유로 보기 싫은 집의 모습을 어쩔 수 없이 외면하게 된다.

이 책은 따라 하고 싶은 감성 컷보다는 따라 하기 쉬운 집 꾸미기 노하우로 구성되어 있다. 독리버 공간 컨설팅 경험을 통해 파악한, 독리버가 놓치기 쉬운 내 공간 꾸미기 사전 작업, 실전 꾸미기에 적용할 수 있는 쉬운 법칙들, 그리고 살면서 해결해야 하는 생활 팁과 집 보수 방법까지, 필요한 꿀팁들만 골라서 담았다. 하나씩 책의 내용을 따라가다 보면 어느새 나에게 잘 맞춘 수제 구두처럼 나에게 편안함을 주는, 당신을 품는 공간을 만들 수 있을 것이다.

마지막으로 본인의 이야기를 이 책에 담을 수 있도록 허락해 주신 독리버분들과 나를 믿고 본인의 공간을 컨설팅 의뢰해준 많은 독리버분들께 감사를 전한다.

더불어 이 책을 출간하기까지 애써 주신 도서출판 밥북 주계수 대표님과 편집자분들께도 깊은 감사를 드린다.

그리고 매일 밤 공간 컨설팅으로 바쁜 엄마 때문에 졸리지 않아도 저녁 8시 30분이면 잠자리에 누워야만 했던 딸과 아들, 최고의 파트너이자 지지자인 사랑하는 남편 용재 씨, 언제나 잘하고 있다고 믿음을 주시는 양가 부모님께 무한한 사랑을 전한다.

최유정

List

머리말 이야기를 시작하며   4

준비하기

3시간 만에 내 삶이 바뀐다   14
내 집도 아닌데…   16
눈으로 확인하고 마음으로 보기   19

구경하기 취향으로 채운 집   25

시작하기

그때 내가 무엇을 싫어하는지 알았더라면…   34
복세편살의 마음으로   38
예산이 부족한 당신에게   46
존재의 이유를 찾아서   55
혹시… 드라이버는 있으세요?   61

구경하기: 컬러가 돋보이는 집   64

실천하기 1 | 공간 구성

1평 더 넓어지는 가구 배치 비법   74
공간을 나누는 4가지 방법   85
홈짐, 홈시네마, 홈스튜디오 이거 하나면 된다고?   89

실천하기 2 기초화장

메이크업과 집 꾸미기는 닮았다   94
우리 집 기초화장 꼭 해야 하나요?   96
추억이 생긴다   100
알고 보면 참 쉬운 셀프 도배   105
싱크대는 필름지로 해결하자   109
버릴 때도 돈이 든다   113

실천하기 & 감성 더하기

다른 시선으로 바라보기	118
시각적 소음을 줄이는 비법	120
매력적인 소품 배치	122
시공 없이 조명을 연출할 수 있다면?	128
패브릭을 빼고 집 꾸미기를 논하지 말라	132

구경하기: 아늑함으로 채운 공간   144

관리하기

집은 가꾸는 것이기에	152
정리정돈이 힘들다면 이것만 기억하자	157
눈치 보지 않고 커튼 설치하기	165
걱정 없이 벽에 장식하기	167

| 구경하기: 편안한 느낌이 충만한 집 | 172 |

살아가기

지독하게, 집요하게	182
프레임 밖은 좀 위험해도 괜찮아	184
"참 고마웠어"라고 말할 수 있기를	186

| 찾아보기 | 188 |

준비하기

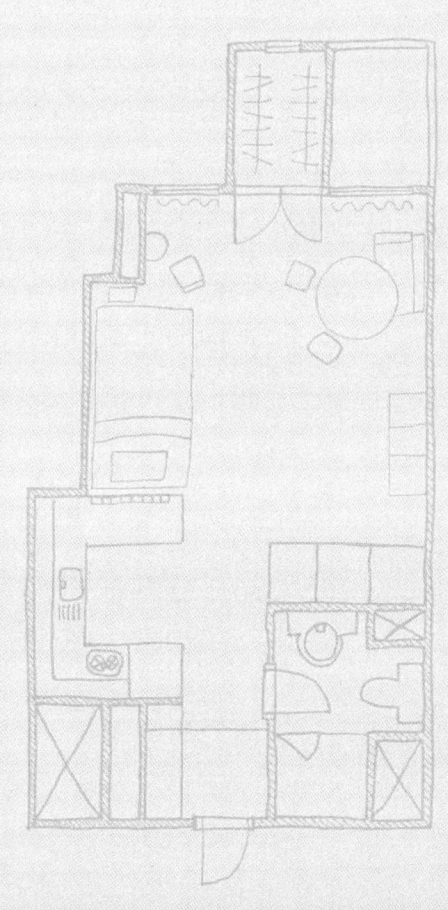

3시간 만에
내 삶이 바뀐다

    인생을 바꾸는 방법에 대한 책을 본 적이 있는가? 인생을 바꾸는 대화법, 생각, 습관, 기술, 삶의 지혜 그 모든 것들이 주옥같은 이야기들이다. 하지만 몇 시간 만에 이것들을 적용할 수 있을까? 대부분 오랜 시간을 투자해야 완성할 수 있다.

    반면 내 집을 꾸민다는 것은 상대적으로 쉽다. 시작하는 이야기에서도 언급했지만 공간에 대해 알고, 나를 이해하며, 명확한 방향만 정해진다면 3~4시간에도 내 공간은 변화할 수 있다. 나의 삶을 담는 내 집을 바꿀 수 있다면 내 삶도 짧은 시간 안에 어느 정도 변화를 줄 수 있다는 뜻이다. 건축 디자이너인 소린 밸브스(Xorin Balbes)도 집을 바꿔서 삶을 바꿔보라고 했다. 그렇다. 집 꾸미기는 가장 빠르게 내 인생의 일부를 더 나은 방향으로 이끌어주는 방법이다.

    하지만 정작 우리는 옷차림에는 양말 하나까지 상당히 신경 쓰면서 내가 생활하고 있는 집은 되는대로 두는 경우가 많다. 실제로 스타일리쉬한 독리버의 모습과는 다르게 독리버의 집은 옷 무덤과 꽃무늬 이불, 알 수 없는 공간 박스들이 쌓여 있는 창고와 같은 모습인 경우도 많다. 이럴 때 나는 괴리감에 안타까우면서도 이제 나를 찾았으니 공간 변화가 생길 것이라는 기대감에 안심이 되기도 한다.

  집은 나를 비추는 거울이다. 내가 먹고 쉬고 자는 내 삶이 들어있기에 내가 현재 어떤 하루를 보내고 있는지를 넘어 앞으로 어떻게 내 인생이 펼쳐질지 집을 통해 가까운 미래까지도 예측할 수 있다. 즉, 집은 남이 나를 보는 모습이 아닌 내가 나를 바라보는 본질에 가까운 모습이며 나의 내면을 표현한 속마음이다.

내 집도 아닌데…

독립은 당신 인생의 중요한 터닝포인트이다. 아마 아주 오랜 시간이 지나도 독립하던 그 순간을 생생하게 기억할 것이다. 우리는 이 기회를 절대 놓쳐서는 안 된다.

독립으로 얻게 되는 것은 비단 나만의 공간만이 아니다.
- 당신은 독립을 통해 나만의 라이프 스타일을 얻는다.
- 당신은 독립을 통해 나만의 온전한 휴식을 얻는다.
- 당신은 독립을 통해 나만의 충실한 미래계획을 얻는다.

당신이 집을 구입한 것과는 상관없이 무엇과도 바꿀 수 없는 이 소중한 경험을 얻게 되는 곳이라면 월세든, 전세든 그곳이 집이다.

'내 집도 아닌데…'는 가장 조심해야 하는 말이다. 이런 마음으로 집을 대하면 내 집도 아니니 대충 살아도 괜찮다고 생각하게 된다. 이는 명백한 오산이다.

독립하기 전을 떠올려보자. 저녁 메뉴를 정할 때 나는 피자를 먹고 싶만 치킨을 먹고 싶어 하는 형의 의견을 따라야 할 때도 있고 세탁해야 할 옷이 있어서 내놓아도 정작 세탁하는 것은 내가 아닌 엄마인 경우가 많다. 내 의지에 다른 사람의 의지가 더해져 움직이던 하루의 톱니바퀴가 독립을 하게 되면 온전히 나 혼자만의 의지로 진행된다.

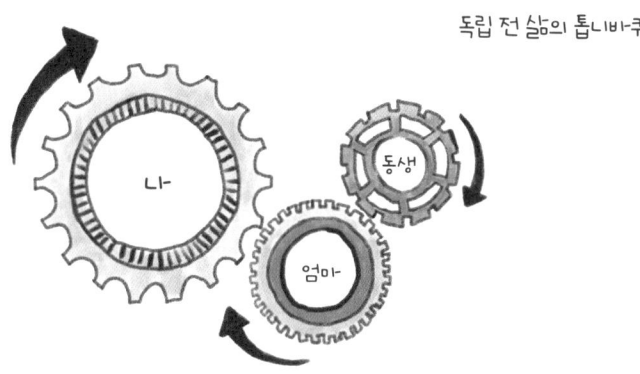

독립 전 삶의 톱니바퀴

내 의지에 다른 사람의 의지가 더해진다

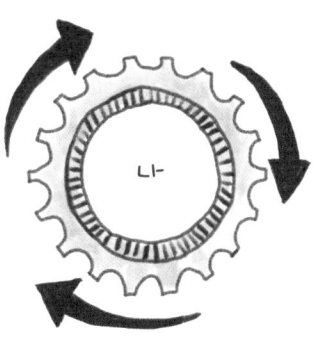

독립 후 삶의 톱니바퀴

오직 내 의지로만 내 삶이 진행된다

이런 상황에서 '내 집도 아닌데…', '잠깐 살 집인데…' 라는 생각을 하면 집이 온전히 이 생각을 뒤집어쓰게 되고 누군가 함께 사는 사람이 없기에 교정이 될 가능성도 없는 것이다. 독리버는 함께 사는 누군가에게 영감을 받거나 의견을 듣지 못하기 때문에 집을 대하는 자세를 스스로 만들어 가야 하며 이는 집을 꾸미는 행위와는 다르게 몇 시간 만에 완성되지 않는다.

따라서 독립을 통해 마주한 내 첫 공간에서 집을 대하는 자세를 배우지 않는다면 이것이 습관이 되고 만다. 흔히 혼자 살던 남자와 여자가 만나 함께 지내게 되면 벗은 양말을 어디에 놓는지, 치약을 어디서부터 짜서 쓰는지조차 달라 부딪히는데 사소한 부분이지만 이미 습관이 되어 바꾸기는 상당히 어렵다. 미국의 작가 조이스 메이나드(Joyce Maynard)도 '좋은 집이란 구입하는 것이 아니라 만들어지는 것'이라고 말했다. 나에게 편안함을 주는 공간을 만드는 방법, 이를 위해 고민하는 자세를 지금부터 가진다면 나중에 더 좋은 집으로 이사를 하거나 진정한 보금자리를 꾸밀 때에 소소한 행복으로 가득한 집을 꿈꾸던 그대로 만들 수 있을 것이다.

눈으로 확인하고
마음으로 보기

모임이나 결혼식처럼 조금 특별한 날 입을 옷을 고르려고 옷장을 열어보면 옷은 참 많은데 입을 옷은 단 한 개도 없는 신기한 경험을 해봤을 것이다(매일 이런 경험을 하는 사람도 많으리라 생각한다). 옷을 새로 구입하기로 마음을 먹고 꽤 오랜 시간을 투자하여 겨우 내 스타일에 잘 맞는 옷을 찾았는데 정작 내 사이즈만 품절이라면? 그때의 좌절감과 허망함은 말로 다 표현할 수 없다. 집도 사실 마찬가지다. 정확하게 내 공간에 대한 사이즈를 알아야 가구도, 소품도 심지어 휴지통도 선택할 수 있다. 옷은 사이즈가 안 맞으면 반품이라도 쉽지 가구는 반품도 쉽지 않다.

내 집에 대한 실측 사이즈를 아는 것은 매우 중요하다. 여기서 포인트는 바로 실측이다. 실측이란 줄자 같은 측량 기구로 현장을 실제로 측량하는 것을 말한다. 실제 집을 보지 못하고 계약을 해야 하는 특수한 상황이 아니라면 반드시 내 손으로 측정하고 내 눈으로 직접 줄자 숫자를 확인해야 한다.

독리버들이 쉽게 하는 실수 중 하나가 평면도에 기재된 치수를 절대적으로 믿는다는 것이다. 평면도는 일반적으로 건축물을 위에서 내려다보고 그린 그림이다. 이것이 실제 집의 치수와 완벽하게 같은 경우는 거의 없다. 그 이유는 각 집마다 인테리어를 어떻게 했는지에 따라 내부 공간의 치수가 달라지기 때문이다. 예를 들어 방에 걸레받이를 시공했는지, 굽도리를 둘렀는지, 벽에 일반 벽지를 시공했는지, 두께가 있는 단열벽지가 되어 있는지에 따라 내가 실제로 사용할 수 있는 사이즈가 달라지는 것이다.

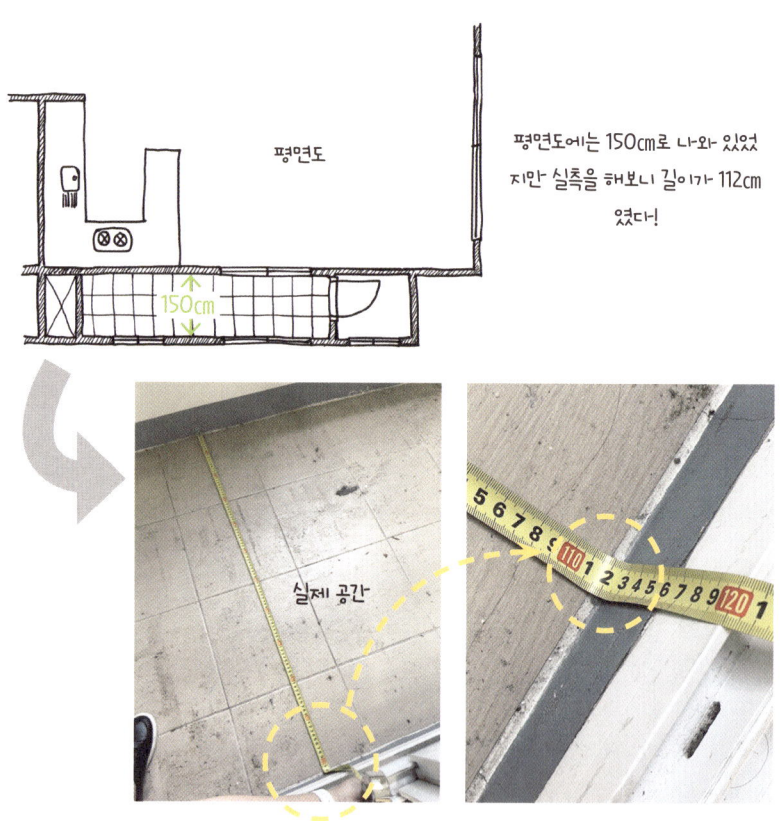

💡 독리버가 꼭 기억해야 할 실측 꿀팁

1) 공간의 가로·세로는 기본이고 천장의 높이도 측정한다.

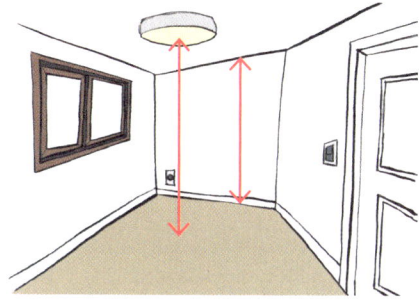

천장까지의 높이를 알아야 옷장이나 책장같이 키가 큰 가구를 선택할 수 있고 공간에 맞는 커튼도 고를 수 있다.
만약 조명이 부피감이 있다면 천장 조명에서부터 바닥까지의 높이도 측정하자. 상황에 따라 가구 높이를 변경해야 할지도 모른다.

2) 공간의 가로·세로를 측정할 때는 반드시 바닥에서 측정한다.

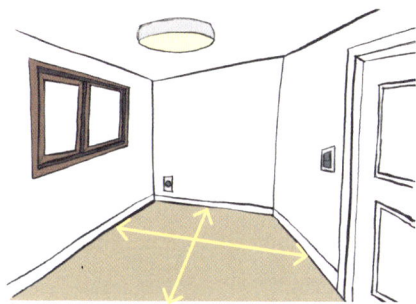

눈으로 보기에는 벽에 가구를 완전히 밀착할 수 있을 것 같지만 걸레받이 유무에 따라 틈이 생기기도 한다.
바닥에서 측정하여 걸레받이 두께 등도 고려하도록 한다.

3) 콘센트, 스위치, 보일러 조절기, 인터폰 위치를 파악한다.

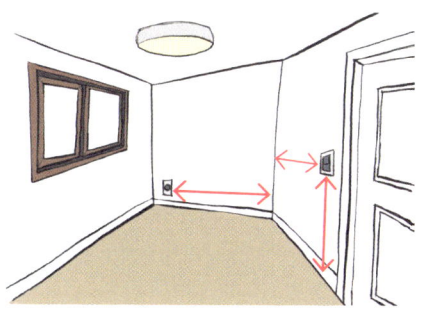

가능하다면 바닥에서 어느 정도 높이에 위치하고 있는지 알 수 있도록 측정한다. 서랍장 같은 가구 높이 선택에 도움이 된다.

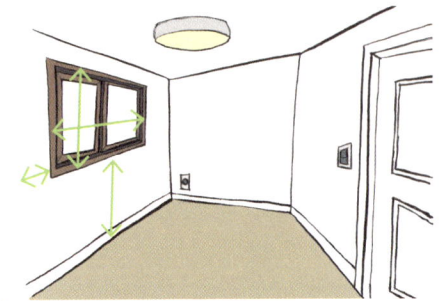

4) 창문의 위치도 반드시 확인한다.

창문의 가로·세로 사이즈와 함께 바닥에서 얼마나 올라와 있는지, 창문 양쪽으로 남는 벽은 얼마나 되는지까지 알아야 하며, 주로 창문을 여닫는 쪽이 오른쪽, 왼쪽 중 어디인지 파악해야 한다.

정확한 실측을 진행했다면 다음 단계는 마음으로 내 집 바라보기다. 마음으로 바라보기는 내 집이 주는 정서적 안정감을 체크하는 것인데 만약 당신이 독립을 준비하는 독리버라면 비워진 집을 어떤 레벨로 구성할지 정해야 하고, 이미 내 집이 있는 상태에서 변화를 원한다면 현재 내 집이 어느 정도 레벨인지 파악하는 것이 중요하다.

레벨은 5단계로 나눠 볼 수 있다.

Bad	생활하기에 필요한 것조차 없어서 생활하기 불편한 상태
Not Bad	먹고, 자고 휴식하는 일상의 행위를 무리 없이 할 수 있는 상태
So So	부족함 없는 생활이지만 눈에 거슬리는 무엇인가 있는 상태
Good	일상의 행위를 하면서 몸과 마음이 모두 편안한 상태
Very Good	좋아하는 것들로 채워진 집이 나를 표현하고 이를 통해 내가 충전이 가능한 상태

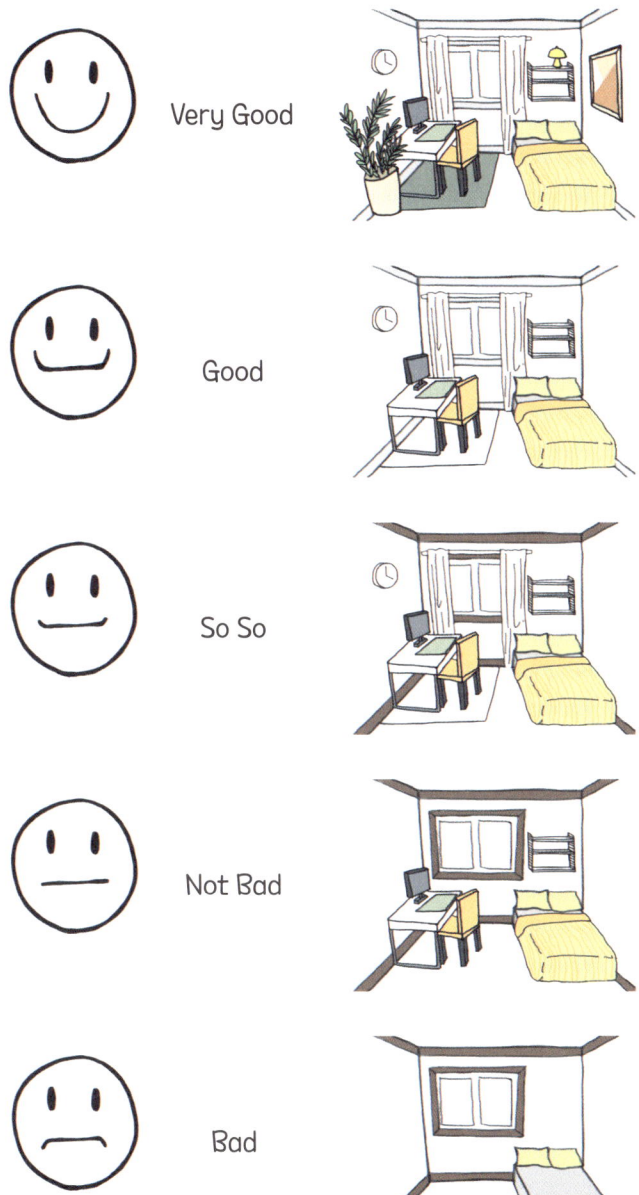

:) Very Good

:) Good

:| So So

:| Not Bad

:(Bad

Bad 레벨은 집이라고 부르기에도 애매한 상태이다. 이런 집에서 살아간다면 마음까지 불안정할 것이다. Not Bad에서 So So로 넘어가게 되면 집을 대하는 마음가짐이 변화된다. Not Bad가 일상생활에 대한 편리함만이 존재하는 상태라면 So So 레벨은 집에 대한 개념이 전환되어 '집이 깔끔했으면 좋겠다', '집이 포근했으면 좋겠다', '체리색 몰딩이 없으면 좋겠다' 등 매일 보던 집인데도 변화가 필요하다고 생각하게 되는 레벨이다. Good 단계는 So So 단계에서 생각한 내 집의 부족한 부분들을 어느 정도 보완한 상태이다. 선반장의 지저분함을 덮개로 가려서 해결한다거나 체리색 몰딩을 페인트칠하는 등 집에 손길을 더하기 시작하고 일상생활의 편리함과는 별개로 집에 있을 때 정서적 편안함과 안정감을 느끼기 시작한다. Very Good은 가장 상위 레벨로 집이 곧 나를 표현하는 도구로 사용된 상태다. 이 레벨에서는 내 집에 의미를 부여하고, 내가 좋아하는 취향으로 공간을 가득 채워서 집과 내가 교감하고 있다고 느낀다.

　　만약 어떤 레벨까지 독립공간을 완성해야 하냐고 나에게 묻는다면 나는 최소 Good 레벨까지 내 집을 완성하라고 권하고 싶다. 내 집에서 육체적, 정신적으로 모두 편안하다면 집에서만큼은 내가 온전하게 느껴지게 될 것이기 때문이다.

구경하기: 취향으로 채운 집

Before

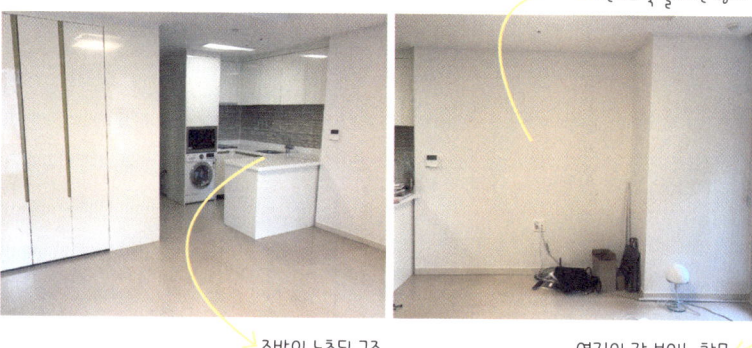

- 안으로 푹 들어간 형태
- 주방이 노출된 구조
- 옆집이 잘 보이는 창문

Plan

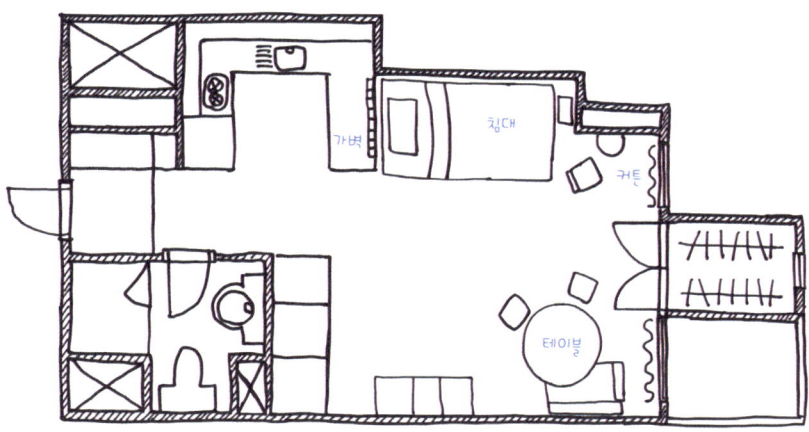

- 푹 들어간 형태를 이용해서 침대를 놓아 아늑한 느낌을 강화하기
- 주방에는 가벽을 설치해서 공간 분리하기
- 창문에는 은은한 빛을 만들어주는 커튼을 설치해서 편안한 느낌 만들기

싱크대 상부장 위로 가벽 파티션을 설치하니 주방과 경계가 확실해지고 아늑한 침실 완성

침대에서 바라봤을 때 좋아하는 것들이 보이도록 배치

기존에 있던 블라인드 대신에
은은하게 빛이 들어오는
커튼을 달아서
사생활 보호와 채광 확보를 동시에

한쪽은 취미존, 반대쪽은 침실로 구성
프로젝터로 영화보기에도 최고

두 개의 스탠드를 사용해서
메인 조명을 사용하지 않아도
공간 전체가 은은하도록

테이블과 높이가 맞는 1인용 소파로
편안함도 놓치지 않기

1인 가구지만 큰 테이블을 배치해서
식사도, 업무도, 취미생활도 할 수 있게

시작하기

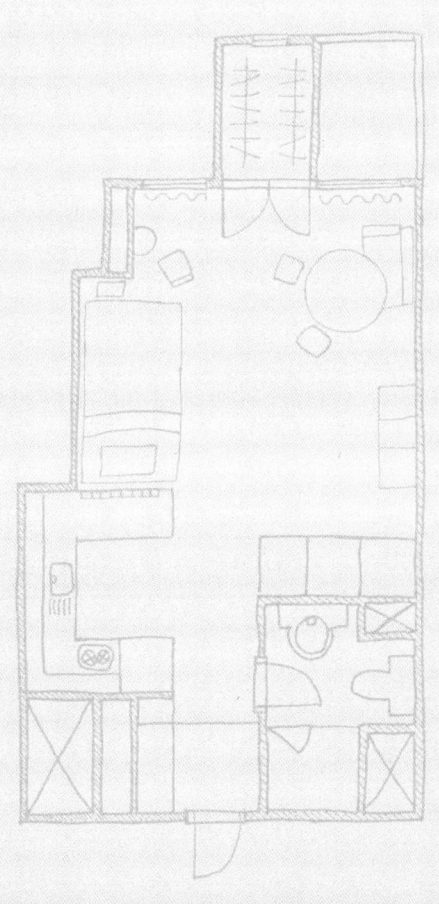

그때 내가 무엇을 싫어하는지 알았더라면...

'나는 무엇을 열망하고 무엇이 내 마음을 흔드는가?' 집 꾸미기의 시작은 바로 이 질문으로 시작한다. 내 취향을 알아야 이것을 바탕으로 비로소 편안한 집을 구성할 수 있다. 보통 우리는 나의 취향이나 스타일을 쉽게 알 수 있다고 생각하는데 막상 명확하게 알기가 어렵다. 그 이유는 내가 알고 있다고 생각한 것들이 대부분 **흐릿한 아이디어**인 경우가 많기 때문이다.

내가 경험한 독리버들 중에도 SNS에 나오는 #집스타그램, #방스타그램처럼 집을 꾸미고 싶지만 내 집에 적용이 어려워 나를 찾는 경우가 많이 있었다. 이것이 바로 어렴풋이 아는 상태, **흐릿한 아이디어**이다.

아마 이 책을 선택한 당신이라면 집에 녹이고 싶은 나의 취향에 대해 찾아본 경험이 한 번쯤 있을 것이다. 마음에 드는 집 사진이 있다면 이렇게 해보자.

첫 번째, 마음에 드는 스타일 공간 사진을 스크랩하여 저장한다.

시간 절약을 위해서라도 내가 좋아하는 이미지를 찾았을 때 바로 저장한다. 동일한 이미지를 다시 찾기는 어렵다.

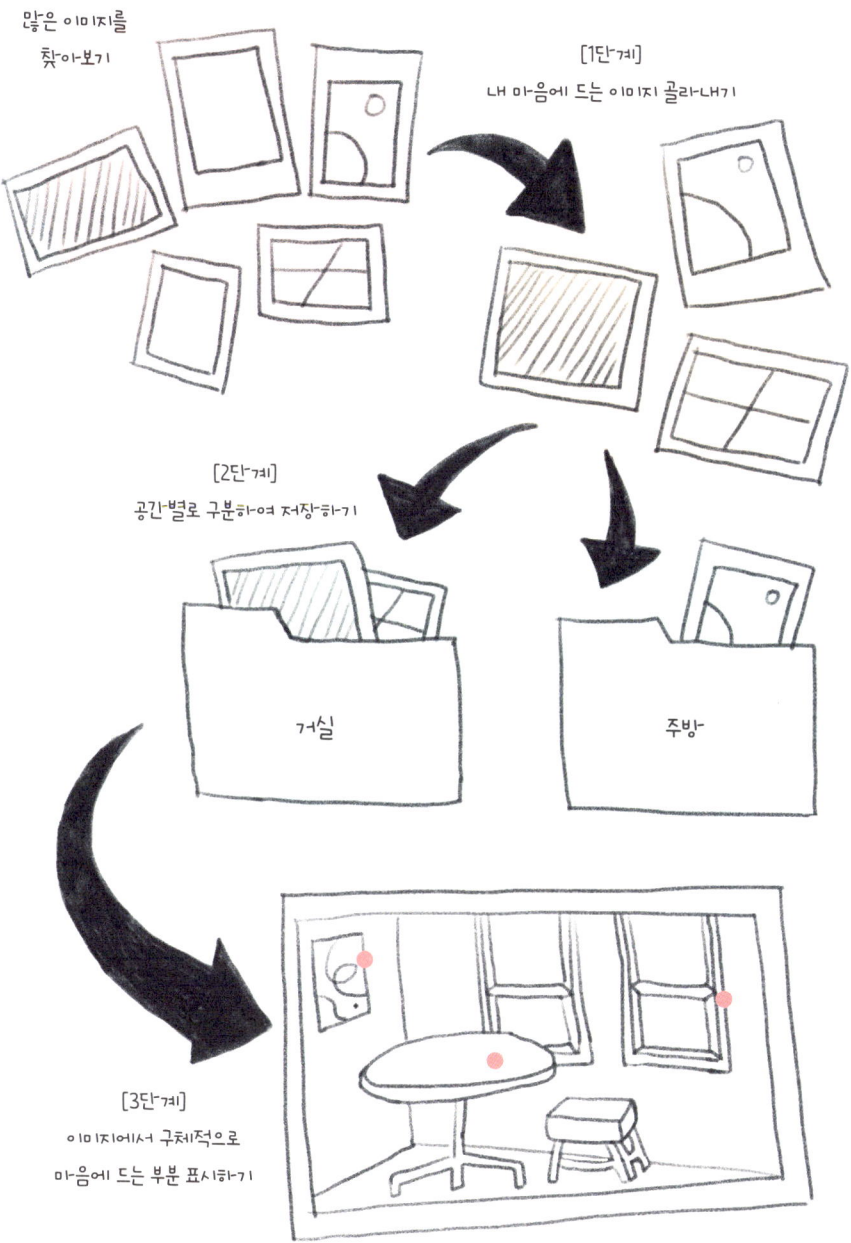

두 번째, 사진을 저장할 때는 공간별로 나눈다.

거실, 주방, 침실 등 공간별로 사진을 저장하고 만약 원룸 사진이라면 침대 쪽이 마음에 들어서 선택했는지, 테이블 쪽이 마음에 들어서 선택했는지 생각해 보고 구분하여 저장한다.

세 번째, 사진 속에서 어떤 아이템이 구체적으로 마음에 들었는지 기록한다.

침대 쪽이 마음에 들었는데 침구가 좋았는지, 조명이 좋았는지를 기록하면 가장 좋다. 글로 작성하지 않아도 사진첩에 있는 그리기 기능으로 좋아하는 아이템에 점을 찍어 표시해도 된다.

이렇게 하면 '흐릿한 아이디어'였던 당신의 취향, 스타일이 '분명한 아이디어'로 변하면서 내 집에 좋아하는 것들을 채우기 쉬워질 것이다.

그런데 여기서 반전은 많은 사람들이 내가 좋아하는 취향에 대해 잘 모른다는 것이다(지금 이 말에 당신도 고개를 끄덕이고 있을지 모른다). 좋아하는 것을 모르는데 어떻게 마음에 드는 이미지를 찾을 수 있겠는가? 나는 집 꾸미기 의뢰인에게 반드시 좋아하는 집의 스타일이나 느낌을 담은 이미지를 보내 달라고 요청한다. 백 마디 말보다 이미지 한 장이 더 많은 것을 담고 있기 때문인데, 아무리 집 사진을 찾아봐도 도저히 원하는 스타일을 모르겠다며 미안한 마음을 표현하는 사람도 있다.

이런 사람에게는 싫어하는 것 찾기를 추천한다. 각종 SNS나 이미지 검색 사이트에서 '원룸 인테리어' '투룸 인테리어' '거실 꾸미기' '침실 꾸미기' 등과 유사한 키워드를 사용하여 이미지를 검색한 후 내가 싫어하는 비호감의 공간을 찾는다. 그리고 마찬가지로 이것을 구체화하여 흐릿한 아이디어를 분명한 아이디어로 만든다. 이렇게 되면 앞서 이야기했던 공간 레벨인 So So에서 Good 단계로 넘어갈 수 있는 발판을 마련할 수 있게 된다.

 기억하자 취향은 원하는 것을 찾는 것과 동시에 피하고 싶은 것을 아는 것이다.

복세편살의
마음으로

나를 돌아보면 '하고 싶은 것'이 아니라 '해야 하는 것'을 항상 우선시했던 것 같다. 하지만 집을 꾸미는 일만큼은 '해야 하는 것'이 아니라 '하고 싶은 것'이면 좋겠다. 복잡한 세상 편하게 살자고 다들 말한다. 아무리 내 공간을 꾸미는 것이 나 자신을 돌보는 일만큼 소중한 것이라도 복잡하고 어려우면 마음이 동하지 않을 것이다.

취향, 구체적으로 알면 당연히 좋겠지만 몰라도 상관없다. 잘 모르겠다면 한 가지만 정해보자

"내가 좋아하는 컬러는?"

집 전체의 분위기를 맞춰주는 요소는 여러 가지가 있다. 집 안 곳곳에서 반복적으로 사용하는 소재(금속, 원목 등), 특정한 모양(원형, 사각 등)의 연결, 공통의 컬러나 관련 있는 컬러들의 연관성이 대표적인데 이 중에서 가장 쉬운 것은 바로 컬러를 이용하는 것이다. 컬러만 통일되게 정해준다면 나에게 편안한 공간을 만들어 줄 수 있다. 컬러는 심오한 분야라서 어떤 컬러를 사용해야 하는지 한 번에 결정하기 어렵지만 따뜻한 느낌(Warm Tone)과 세

련된 느낌(Cool Tone) 중 하나의 방향을 정한다면 가볍게 접근할 수 있다.

웜톤과 쿨톤의 컬러 팔레트

웜톤(Warm Tone)의 컬러들 　　　　쿨톤(Cool Tone)의 컬러들

　대표적인 웜톤 컬러와 쿨톤 컬러를 선정하여 구성해보았다. 전체적으로 부드러운 느낌으로 흘러가는 쪽이 웜톤 컬러 팔레트고 확실한 컬러로 포인트 인테리어에 가깝게 느껴지는 쪽이 쿨톤 컬러 팔레트이다.

　톤을 정했다면 구체적인 컬러를 정해야 하는데 이때 컬러는 3개까지만 사용한다. 집의 60% 정도를 차지하는 베이스 컬러(Base color), 30% 정도의 메인 컬러(Main color), 나머지 10%를 포인트 컬러(Point color)를 이용하면 되는데 각 컬러를 어디에 지정할지 고민된다면 벽과 바닥 같은 넓은 면적에 베이스 컬러를, 가구 같은 부피가 큰 것들에 해당하는 메인 컬러, 액자, 시계 같은 소품에 포인트 컬러를 지정하면 된다.

Base color (60%)	Main color (30%)	Point color (10%)
벽, 바닥, 몰딩, 도어	가구(소파, 침대, 테이블)	소품 (액자, 스탠드)

적절한 컬러 지정의 예

각 컬러에 대한 지정은 절대적인 것은 아니며 공간 크기에 따라 비율을 조절해서 적용하면 된다. 예를 들어 좁은 공간이라면 벽과 바닥이 많이 가려지기 때문에 Base color를 가구까지 적용해줘야 Base color의 느낌이 난다. 이 과정도 더 쉽게 접근할 수 있도록 주관식을 객관식으로 바꿔보겠다.

절대적이지는 않지만 흔들리는 결정에 충분히 도움이 될 것이다.

  베이스 컬러는 은은한 컬러, 예를 들어 웜톤의 경우 아이보리와 베이지, 쿨톤의 경우 화이트와 연한 그레이 중 고른다. 메인 컬러는 웜톤의 경우 브라운 또는 올리브그린으로 정하고 쿨톤의 경우 블랙이나 그레이로 정한다. 포인트 컬러는 확실한 느낌을 줄 수 있도록 웜톤의 경우 부드러운 옐로우나 오렌지 계열 중 선택하고 쿨톤의 경우 민트나 블루 중에서 고른다.

  이렇게만 해도 웜톤, 쿨톤 라인 각각에서 8개의 조합을 만들 수 있다. 각 조합이 주는 느낌은 다음에 오는 이미지를 참고하자.

Warm Tone의 조합

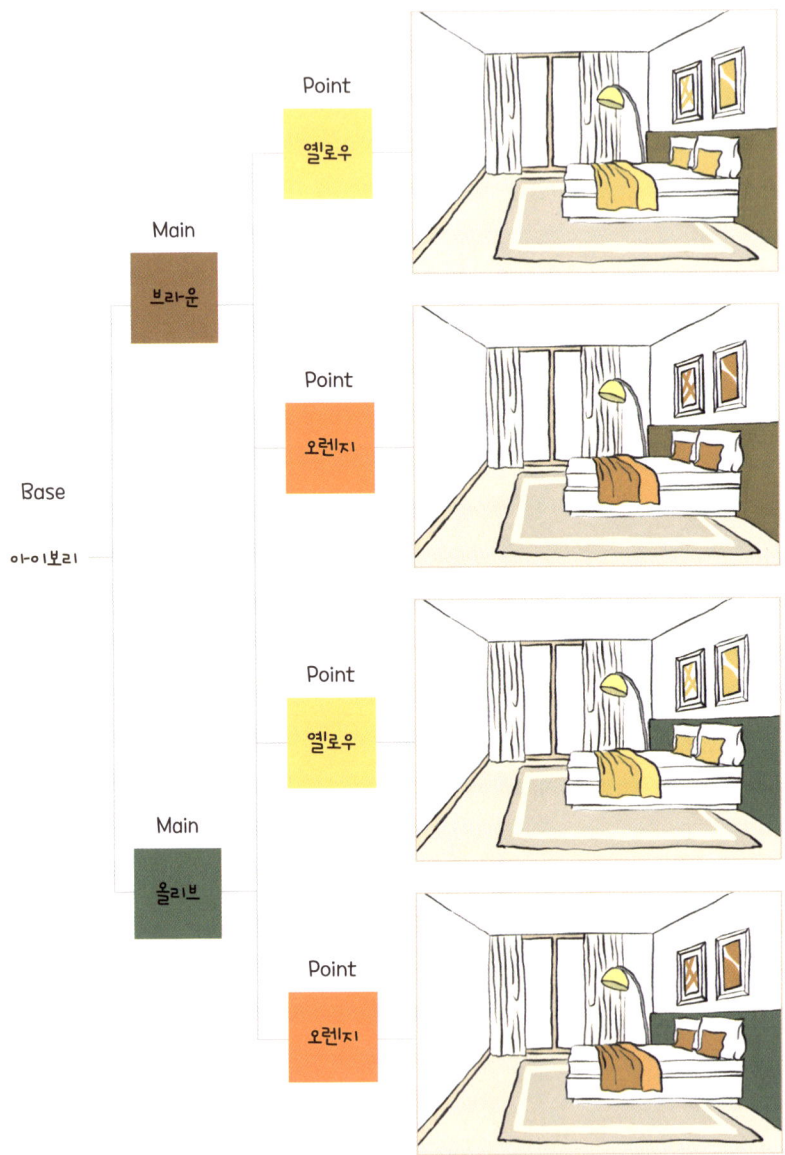

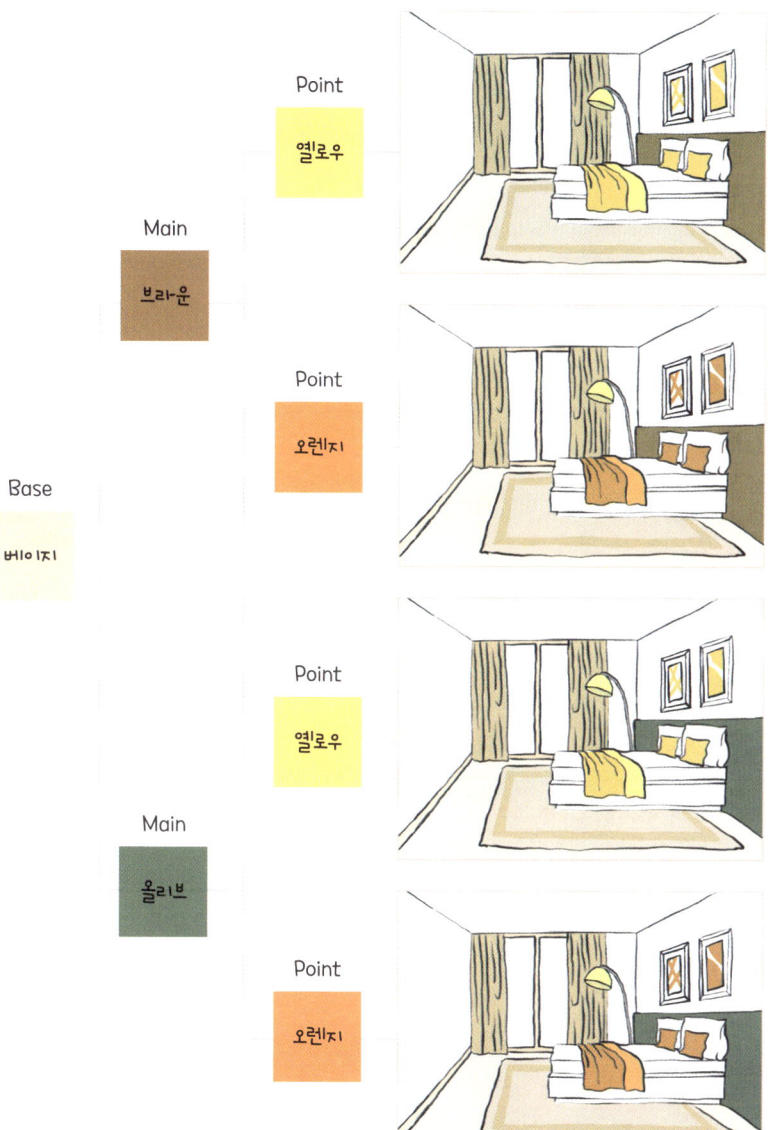

Cool Tone의 조합

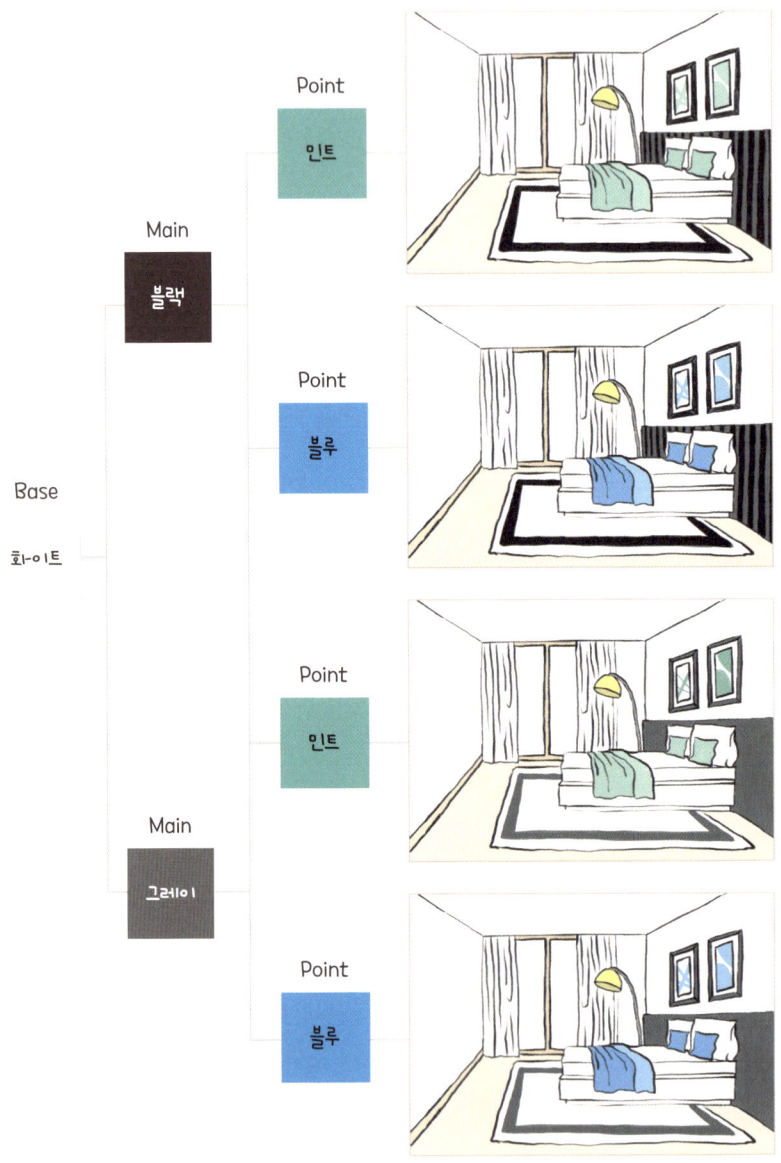

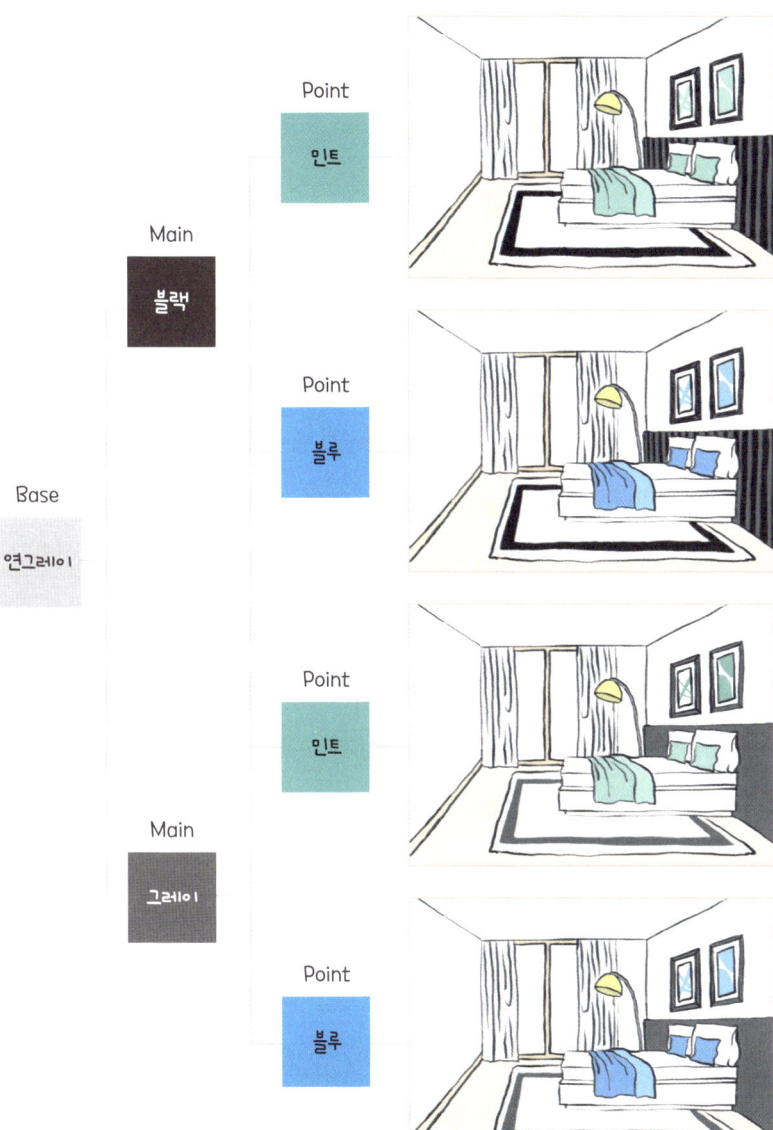

예산이 부족한
당신에게

    분위기와 컬러가 정해지면 이제 즐거운 쇼핑의 시간이다. 하지만 영끌(영혼까지 끌어모으다)까지 한 내 예산이 턱없이 부족하다면 어떻게 해야 할까? 독립에 대한 우리의 설렘과 기대를 예산 따위가 방해하게 놔둘 것인가? 우리가 예산과의 밀당에서 시도해 볼 수 있는 방법은 1. 똑똑한 예산 분배 2. 합리적 비용 절감 두 가지가 있다.

    예산을 분배할 때는 자재, 가구, 가전, 소품, 생활용품으로 나누어 분배한다. 자재는 셀프 인테리어에 필요한 것들로 벽이나 바닥에 시공할 수 있는 페인트, 벽지, 데코타일 등이 속한다. 가구는 내가 생활하는 데 필요한 것들로 구성하고 소품의 경우 내 취향을 표현할 수 있는 것으로 정한다. 특히 발 매트나 칫솔, 청소솔, 주방세제 등 생활용품 구입 비용을 놓치는 경우가 있는데 이 부분도 꼼꼼하게 챙겨야 한다. 가전은 최근에 독리버들이 비중 있게 생각하는 아이템이다. 각종 1인 가구를 위한 가전이 많이 나오고 있기 때문에 필요에 따라 가전을 선택한다.

    독리버 집 꾸미기 예산은 절대적 크기보다 분배가 중요한데 가구 : 소

품 : 생활용품 : 자재를 6 : 2 : 1 : 1로 나누어 시작하면 좋다. 이 비율은 그동안 독리버에게 컨설팅을 진행하면서 실제 작성한 예산을 기준으로 통계를 내어 도출한 것이다. 가전의 경우 사양에 따라 가격 차이가 크게 나기 때문에 포함하지 않았다. 따라서 가전제품 비용을 정하고 전체 비용에서 이를 제외한 다음, 기본 분배 비율을 적용하면 도움을 받을 수 있을 것이다.

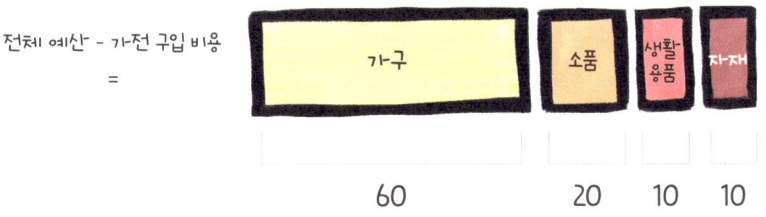

 이렇게 기본 비율을 시작으로 집 크기, 필요성에 따라 이 비율을 조금씩 조절한다. 일반적으로 평수가 넓어질수록 가구의 비중과 소품의 비중이 올라가고 생활용품이 예산에서 차지하는 비중이 작아진다.
 평수에 따라 3개의 예산 계획 케이스를 준비했다. 기존 가구가 전혀 없는 공간을 기준으로 정한 예산이고 모든 아이템은 나중에 이사를 하더라도 사용할 수 있는 내구성이 보장된 제품들로 구성하였다.

<3.5평> 총비용 - 100만 원 대

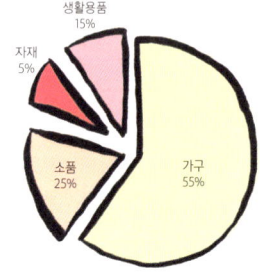

분류	아이템	가격
가구	철제침대 (매트리스 포함)	298,000
가구	두닷코트로책상	84,000
가구	두닷일로 의자	55,000
가구	한샘 티오 일반책장6단	103,900
가구	아씨방 카일 서랍도어형 옷장	119,000
소품	데코뷰네츄럴베이직 광목커튼 중형	48,900
소품	마켓비스탠드 조명	35,900
소품	아치전신거울	89,000
소품	릴리브 방수 러그 150*200	109,000
자재	풀바른벽지	56,000
생활용품	욕실, 주방 각종 수납용품 등	150,000
	총 비용	1,148,700

<5평> 총비용 - 200만 원 대

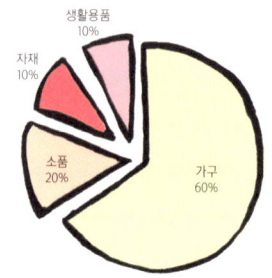

분류	아이템	가격
가구	플라망수납 침대 슈퍼싱글	354,000
가구	화장대 스툴	20,900
가구	데이지 화장대	180,000
가구	원형테이블 지름600	50,000
가구	톤 체어	70,000
가구	옷장80	169,000
가구	옷장 서랍형	242,500
가구	slou수퍼싱글토퍼	219,900
가구	블루밍홈수납소파	119,000
소품	암막커튼가로3~5m 기준	89,800
소품	노프레임비정형거울 라지	119,000
소품	대형 패브릭포스터	17,900
소품	마켓비장 스탠드	59,900
소품	러그	98,000
소품	침구 차렵수퍼싱글	52,800
자재	현대 쉬움 셀프 장판	174,000
자재	벽지 페인트 벤자민무어 네츄라에그쉘광2리터	70,000
자재	9인치 페인트 도구세트	28,600
생활용품	욕실, 주방 각종 수납용품	150,000
	총 비용	2,285,300

<10평> 총비용 - 300만 원 대

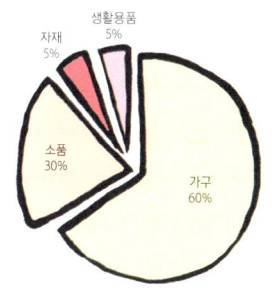

분류	아이템	가격
가구	휴도소파3인	499,000
가구	레나리프트업테이블(3층/택1)	165,000
가구	아이엔지 거실자2개	224,000
가구	한샘 서랍장	179,000
가구	스칸딕로맨틱 핀란드 원목침대 (매트리스포함)	289,900
가구	꿀레오화장대 화이트	132,050
가구	KYRRE 쉬레화장대 스툴	19,900
가구	왕자 네오스페이스 코너형 (커튼형)	182,000
가구	푸른숲가구 숲시리즈02 자작원목 화이트 바테이블1200	169,000
가구	바테이블 의자2개	61,800
소품	핑크 나비주름 커튼	91,200
소품	오트밀 러그280*200	174,000
소품	깃털조명 장스탠드	110,000
소품	거실 액자A1 사이즈	97,900
소품	스타일링홈 이불세트	63,900
소품	블랑데코 암막 커튼	150,000
소품	데코뷰 커튼	69,900
소품	감성 인테리어 그림 액자 캔버스 터치2개	50,000
자재	벽지 페인트 벤자민무어 네츄라 에그쉘광2리터	115,000
자재	9인치 페인트 도구세트	28,600
생활용품	욕실, 주방 각종 수납용품	150,000
	총 비용	3,022,150

이처럼 평수가 커지면 가구의 사이즈가 커지거나 소품의 개수가 늘어나기 때문에 비중이 더 올라간다.

자재는 개인이 정한 시공 범위에 따라 비용이 달라지는데 **전체 예산에서 자재 비용은 최대 15%를 넘기지 않는 것이 현명**하다.

작은 공간의 경우에는 벽이나 바닥이 가구로 많이 가려지는 편이라서 자칫하면 자재 비용이 아깝게 느껴질 수 있다.

10평 이상의 큰 공간의 경우는 잘못하면 비용이 기하급수적으로 늘어나기 때문에 가장 효과가 크게 나타날 곳을 정해서 변화를 주면 공간 변화와 적당한 예산 분배 모두 성공할 수 있다.

요리조리 예산 분배를 조절해봐도 절대적인 예산이 부족하다면 들어가는 비용을 줄이는 것이 가장 현명하다. 예산을 가장 크게 줄이려면 부피가 큰 가구를 교체하면 된다. 옷장의 경우 행거로 교체하면 비용 절감이 가능하다. 단, 커튼으로 가리는 모델을 선택하자. 그래야 방의 분위기를 방해하지 않는다. 검색 사이트에 '행거 커튼'으로 검색하면 쉽게 찾을 수 있다. 침대의 경우 매트리스 깔판으로 교체하는 것도 좋은 방법이다. 부피를 줄이면서 가격도 함께 줄일 수 있다. 또 하나는 서랍장이다. 서랍장은 수납이 많이 되기 때문에 꼭 필요한 가구인데 너무 저렴한 것을 구입하면 구조 특성상 빨리 망가질 수 있다. 따라서 어느 정도 가격대가 있는 것을 구입하는 것이 좋은데 만약 비용이 부담스럽다면 플라스틱 소재의 서랍장으로 대체할 수 있다. 대신 투명한 소재는 피하고 불투명한 소재에 깔끔한 화이트 톤으로 선택한다. 용량은 넉넉한 것으로 골라 화장품까지 수납하면 화장대 기능까지 할 수 있으니 베스트다. 소파를 어느 정도 대체해 줄 수 있는 것도 있다. 바로 삼각 쿠션인데 바닥이나 침대 등에 올려놓으면 소파에 기대어 쉬는 느낌을 줄 수 있다. 추가로 비용을 줄이는 방법은 바닥, 벽 셀프 시공 대신 러그와 그림을 선택하는 것이다. 러그, 그림을 통해 기존 바닥, 벽 노출을 최소화하면 셀프 시공을 하지 않고도 큰 효과를 볼 수 있다.

   실제로 이런 방법을 적용했더니 기존의 200만 원 대였던 5평 원룸 꾸미기 예산이 100만 원 대로 줄어든 것을 확인할 수 있다.

예산 분배 조정

⟨5평⟩ 총비용 - 200만 원 대

분류	아이템	가격
가구	플라망수납 침대 슈퍼싱글	354,000
가구	화장대 스툴	20,900
가구	데이지 화장대	180,000
가구	원형테이블 지름600	50,000
가구	톤 체어	70,000
가구	옷장80	169,000
가구	옷장 서랍형	242,500
가구	slou수퍼싱글토퍼	219,900
가구	블루밍홈 수납소파	119,000
소품	암막커튼가로 3~5m 기준	89,800
소품	노프레임비정형거울 라지	119,000
소품	대형 패브릭포스터	17,900
소품	마켓비장 스탠드	59,900
소품	러그	98,000
소품	침구 차렵수퍼싱글	52,800
자재	현대 쉬움 셀프 장판	174,000
자재	벽지 페인트 벤자민무어 네츄라에그쉘광2리터	70,000
자재	9인치 페인트 도구세트	28,600
생활용품	욕실, 주방 각종 수납용품	150,000
	총 비용	2,285,300

⟨5평⟩ 총비용 - 100만 원 대

분류	아이템	가격
가구	매트리스 깔판슈퍼싱글	39,900
가구	화장대 스툴	20,900
가구	원형테이블 지름600	50,000
가구	리바트체어	70,000
가구	왕자행거드레스룸형	49,600
가구	한샘 올데이플라스틱 3단4단5단 와이드서랍장	69,000
가구	slou수퍼싱글토퍼	219,900
가구	블루밍홈 수납소파	119,000
소품	암막커튼가로 3~5m 기준	89,800
소품	원목 수납 전신 거울 스탠드	29,900
소품	대형 패브릭포스터	17,900
소품	마켓비장 스탠드	59,900
소품	러그	98,000
소품	침구 차렵 수퍼싱글	52,800
자재	벽지 페인트 벤자민무어 네츄라 에그쉘광2리터	70,000
자재	9인치 페인트 도구세트	28,600
생활용품	욕실, 주방 각종 수납용품 (가전 제외)	150,000
	총 비용	1,235,200

예산 절감을 위한 선택

옷장은 커튼이 달린 헹거로

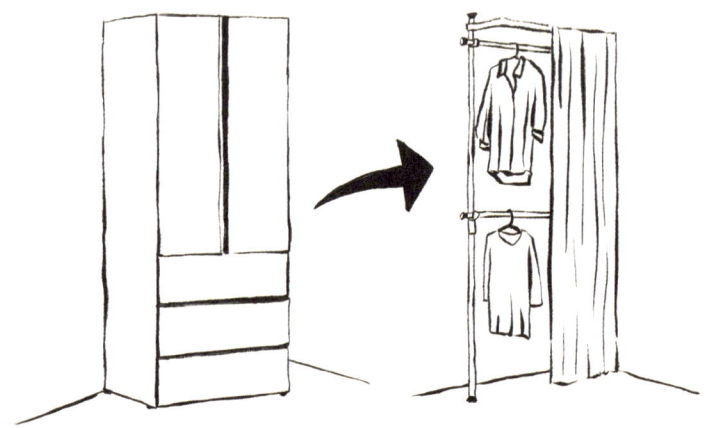

서랍장은 불투명 플라스틱 서랍으로

예산 절감을 위한 선택

소파는 삼각 쿠션으로

침대는 매트리스 깔판으로

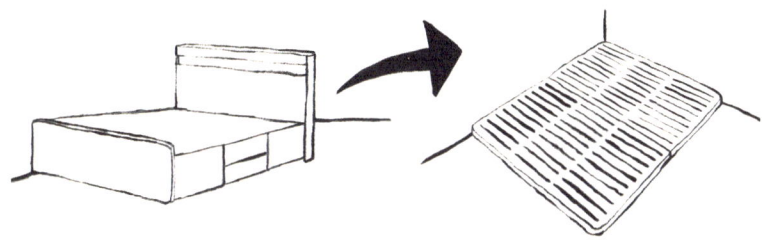

바닥 시공은 대형 러그로

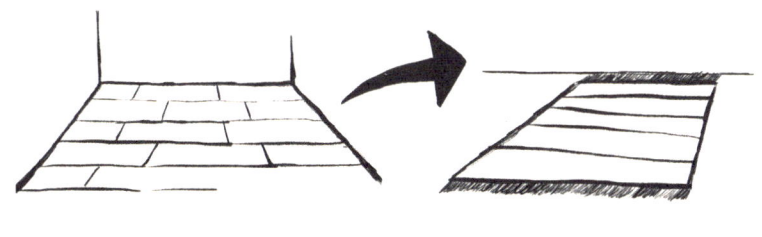

미래 가치에 투자하기

    비용 절감을 생각하면 모든 것들을 저렴한 것으로 선택하고 싶겠지만 그랬다가는 내 집에서 생활할 때 상당한 불편함을 느낄지도 모른다. 그럼 어떤 것에 투자하는 것이 현명할까. 기준은 현재 가치와 미래 가치이다. 현재 머물고 있는 집에서만 사용할 것들은 비교적 저렴한 것으로 준비하고 다음 집으로 이사를 해도 사용할 것은 투자하는 것이다. 현재 가치와 미래 가치는 사람마다 다르기 때문에 무엇이 맞고 틀렸다고 말할 수는 없다.

    나에게 조언을 바란다면 다른 것보다 매트리스와 의자에는 반드시 투자하라고 하고 싶다. 집은 기본적으로 회복의 공간이다. 매트리스가 만족스럽지 않으면 집에 대한 애정도 생기기 어렵다. 다른 하나는 의자다. 의자는 홈 오피스(Home Office)의 기능이 강화된 현시점에서 더 중요한 가구가 되었다. 더불어 디자인 측면에서도 훌륭한 의자를 선택한다면 표현하고자 하는 느낌을 잘 살릴 수 있는 가구이기 때문에 중요하게 생각하고 선택해야 한다.

존재의 이유를 찾아서

우리는 레이어드 홈(Omni-Layered Homes) 시대에 살고 있다. 레이어드 홈은 레이어드룩처럼 집의 기본 기능 레이어에 다양한 기능의 레이어를 더한 집의 모습을 말한다.

먹고, 자고, 휴식하는 집의 기본적인 기능은 외출이 쉽지 않은 상황에서 더 강화되었고 여기에 다양한 기능이 더해져서 홈오피스(Home Office), 홈스터디(Home Study), 홈카페(Home Caffe), 홈캉스(Home Vacance), 홈트레이닝(Home Training)와 같은 용어도 생겼다. 이것은 우리가 사는 집의 모양은 동일한데 우리가 집에 요구하는 사항은 많아졌다는 것을 의미한다. 또한 우리는 이 요구를 충족하기 위해 더 많은 가구와 물건이 필요하다고 느끼고 있다.

독리버들과 대화를 나눠보면 '이 가구가 다 들어갈까요?'라는 질문은 거의 빠지지 않는다. 이렇게 필요한 것은 많은데 집은 작아서 고민일 때는 우선순위를 잘 정해야 한다. 이때 마법의 주문을 사용한다.

"왜 이것이 필요한가요?"

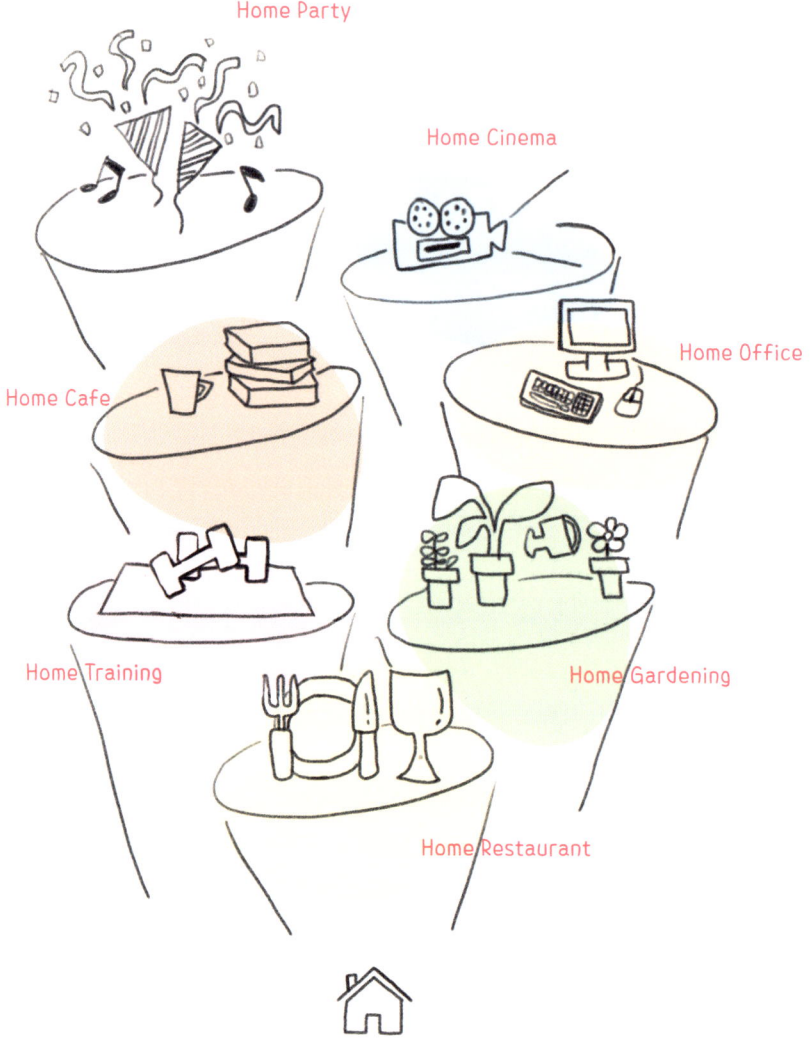

간단하고 짧지만 긴 생각을 만드는 이 질문은 내가 계획한 물건들이 어떤 의미가 있는지 깨닫게 한다.

침대가 왜 필요한지 스스로에게 묻는다면 잠을 자야 하기 때문이라고 간단하게 생각할 수 있지만 공간 구성에 도움을 받으려면 조금 더 질문을 구체화할 필요가 있다. '왜 나에게 슈퍼싱글 사이즈의 침대가 필요할까?', '싱글 사이즈라도 괜찮지 않을까?', '왜 식탁이 필요할까?', '간단하게 소파 테이블에서 식사하면 안 될까?'라고 고민해봐야 한다는 것이다. 집에 들이는 모든 가구의 존재 이유를 만들어 보자. 그러면 한 번에 생각나는 가구도 있겠지만 고민이 되거나 바로 필요한 이유가 생각나지 않는 것들도 있을 것이다.

작은 원룸에서 거주하다가 드레스룸이 달린 방 1개와 거실로 구성된 청년주택으로 이사를 앞둔 독리버가 나를 찾았다. 좁은 집으로 이사하는 것도 고민이지만 이처럼 넓은 집으로 이사를 하는 것도 행복한 고민일 수 있다. 나는 독리버를 위해 필요한 가구 리스트를 만드는 것부터 함께 진행했는데 처음 리스트를 작성했을 때 리스트가 너무 길어져 예산이 부족한 상황이 되어서 리스트를 점검하기로 했다.(공간이 넓어지면 채워 넣어야 할 것 같은 심리가 누구나 있다) 알고 보니 나에게 의뢰한 독리버는 식사는 주로 밖에서 해결하고 집에서 먹을 때는 텔레비전 앞에서 식사를 하기 때문에 주방 쪽에 커다란 식탁은 필요하지 않았다. 또 집에서 업무를 하지 않기 때문에 책상 또한 없어도 무방했다. 그래서 과감하게 식탁은 구입하지 않기로 하고 소파테이블을 리프트 업으로 선택하여 소파에서 식사를 편하게 하도록 했다. 절약한 테이블 비용은 소파 크기를 큰 것으로 변경하는데 일부 사용했다.

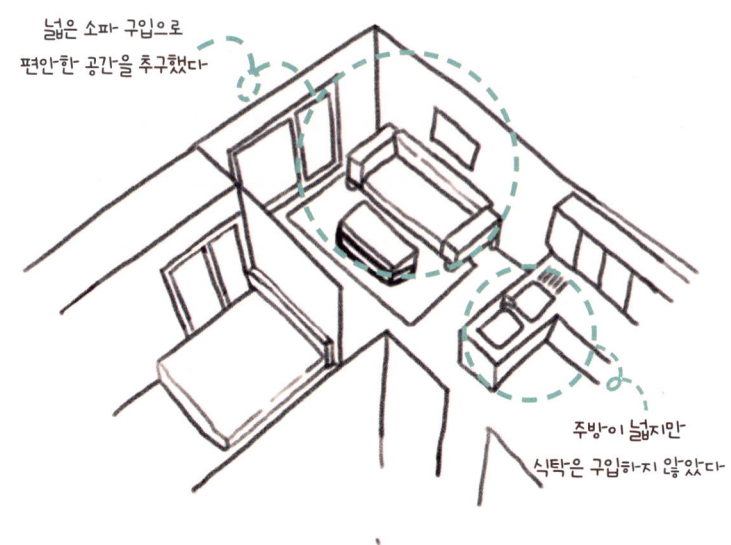

반대 상황의 독리버도 있었다. 넓은 오피스텔에서 독립생활을 하다가 생활비를 줄여서 자금을 모아보겠다는 야심 찬 계획으로 3.5평의 원룸으로 이사를 하게 된 독리버였다. 그녀는 공간이 절반 이하로 줄어들어서 기존 가구를 가지고 올 수 없는 상황이었다. 집이 줄어들었으니 당연히 가장 작은 싱글 사이즈의 침대를 선택할 줄 알았지만 그녀는 수납이 오히려 넉넉한 퀸 사이즈의 수납형 침대를 선택했다. 독립 공간이지만 반려견이 있었기 때문에 같이 누울 수 있는 침대가 필요했고, 관련용품들을 수납해야 했기 때문이다. 그녀는 바로 '왜'라는 질문을 잘 사용했기 때문에 이런 시원시원한 결단을 내릴 수 있었다.

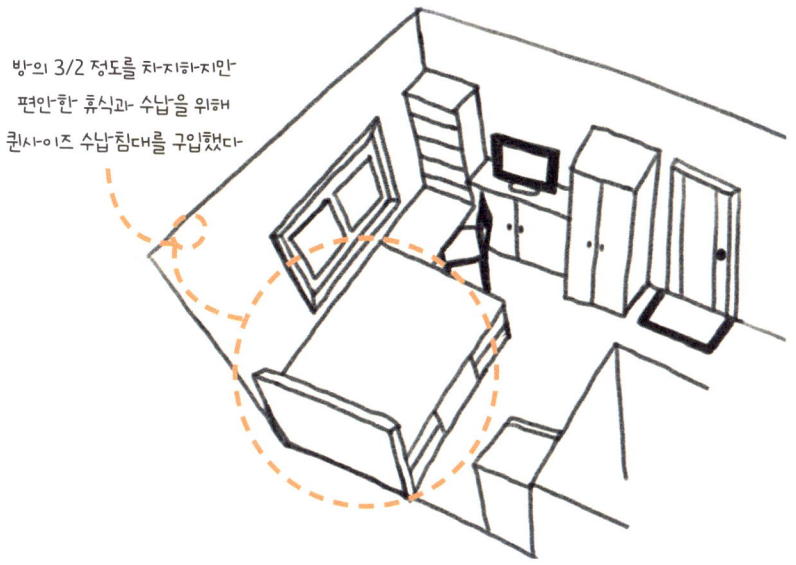

이처럼 나에게 더 의미 있다고 생각되는 가구는 사이즈를 큰 것으로 교체하거나 더 좋은 품질의 제품으로 변경하여 투자하고 나머지는 절약하는 것이 최고의 선택이 된다.

만약 좁은 공간에 모든 가구가 꼭 들어가야 한다면 멀티 가구를 선택하면 된다. 작은 공간에는 무조건 작은 가구가 들어가야 한다고 생각하는데 반대로 생각해서 상당한 크기의 테이블을 선택한다면 업무도, 식사도 할 수 있는 멀티 공간을 만들 수 있다. 침대나 소파의 경우에도 하단에 수납이 되는 제품으로 배치하면 서랍장의 기능을 대신할 수 있다. 의외로 활용도가 높은 아이템 중 하나는 1인용 이동식 수납 스툴이다. 화장대 의자가 되기도 하고 침대 옆으로 옮기면 침대 협탁도 된다. 위에 쟁반을 올리면 간단하게 간식을 먹을 수 있는 작은 탁자로 활용할 수 있다.

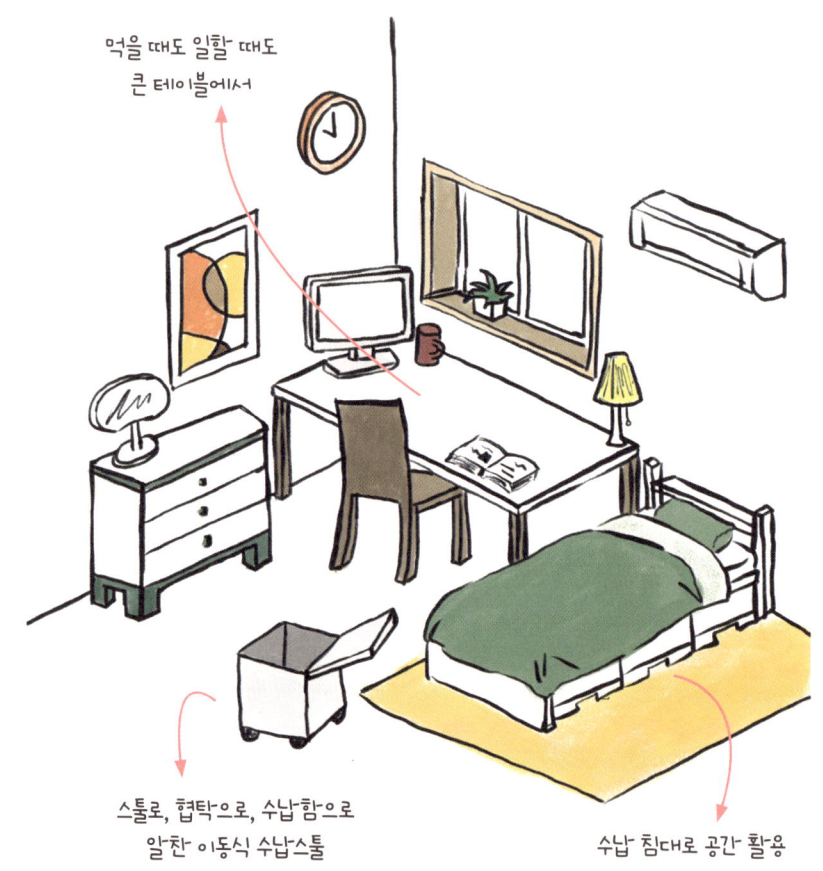

혹시...
드라이버는 있으세요?

　독리버들과 상담을 진행할 때 나는 공구가 있는지 한 번씩 꼭 물어본다. 간혹 준비가 되어있다고 말해주는 사람도 있었지만 대부분 자신 있게 말해주는 사람은 없었다. 자취생 필수템이라면 빨래건조대, 욕실 슬리퍼, 휴지통 등을 떠올리겠지만 그만큼 중요한 것이 바로 공구다.

　적당한 공구가 있다면 조립식 가구를 고민 없이 쉽게 선택할 수 있고 비용 절감도 노려볼 수 있다. 커튼이나 블라인드를 설치할 때도 공구는 반드시 필요하다. 보통 독리버들은 손으로 직접 돌리는 드라이버를 준비하기도 하는데 사용하다가 쉽게 지치는 탓에 활용도가 떨어지게 된다. 전동드릴을 구입하면 베스트이지만 부피나 가격 면에서 부담스럽다.

　이럴 때 선택하면 좋은 공구는 핸디형 전동 드라이버다. 일자 모양으로 선택하고 건전지 또는 충전식 모델로 선택하면 보관도 간편하고 편리성 측면에서도 만족할 것이다. '미니 전동 드라이버', '건전지 전동 드라이버' 등으로 찾으면 온라인에서 쉽게 구입이 가능하고 가격도 일반 전동 드라이버보다 저렴하여 1만 원~ 2만 원대로 구입할 수 있으니 가성비에서 따라올 것이 없다.

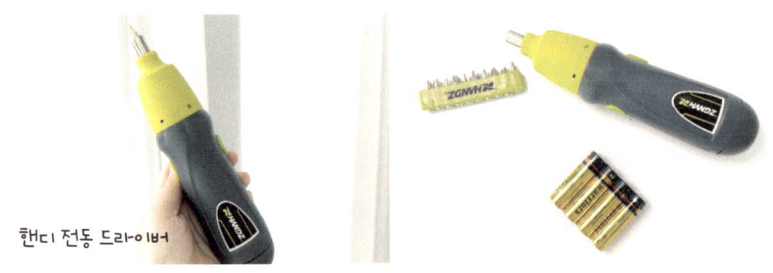

핸디 전동 드라이버

실리콘도 준비하면 좋다. 실리콘은 생각보다 종류가 많은데 독립 생활에 필요한 것은 크게 두 가지이다. 하나는 틈새를 보수할 수 있는 실리콘이고 다른 하나는 싱크대, 화장실 등에 시공하는 바이오 실리콘(에코씰)이다.

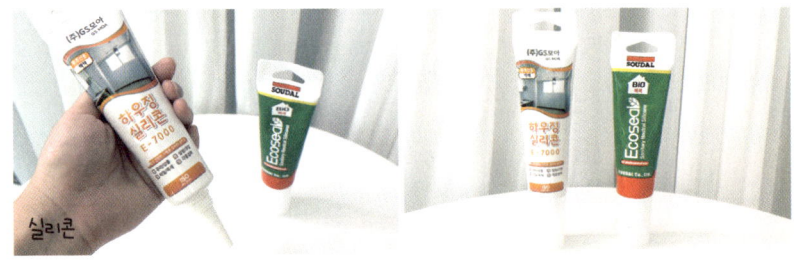

실리콘

보통 실리콘은 실리콘 건에 장착하여 사용하는데 독리버의 경우 사용량이 적기 때문에 튜브 형태의 실리콘을 사용하는 것이 좋다. 실리콘 건을 사용했을 때는 남은 실리콘을 보관하기 어려운데 튜브 형태는 보관이 쉬워서 재사용이 가능하다. 실리콘은 마트나 잡화점에 방문하여 직접 보고 구입하는 것이 가장 합리적이다. 실리콘은 욕실 액세서리 접착 고정에도 유용하고 바닥이나 벌레가 들어올 것 같이 보이는 벽 틈새를 간단하게 처리하기에도 좋으며 싱크대 주변 지저분한 실리콘에 다시 시공하면 깔끔함이 급상승된다. 보통 실리콘은 투명과 백색이 있으니 상황에 맞게 선택하도록 하자.

  마지막으로 마스킹 테이프를 강력 추천한다. 혼자서 가구도 조립하고 커튼레일도 설치하고 하다 보면 '아 누구 한 명이 잡아주면 쉽게 할 텐데…'라는 아쉬운 마음이 들 것이다. 그럴 때 마스킹 테이프를 이용하면 된다.

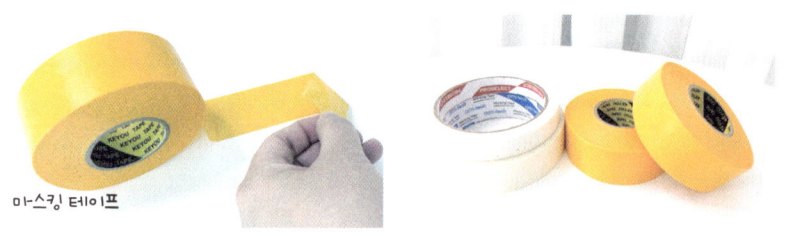

  가구를 조립할 때 마스킹 테이프로 붙여서 임시 고정을 하고 나사를 조이면 틀어지는 것을 방지하고 긴 커튼레일도 한쪽을 마스킹 테이프로 붙여 위치를 잡아준 후에 나사로 고정해주면 혼자서도 쉽게 설치할 수 있다. 또 하나 신박한 활용 방법은 가구 배치를 할 때 이용하는 것인데 바닥에 가구 치수대로 마스킹 테이프를 붙여보면 가구 배치 후 남는 바닥 면적이 얼마나 되는지 눈으로 확인할 수 있다. 떼어내도 자국이 남지 않으니 자유롭게 사용할 수 있다. 마스킹 테이프는 나의 또 다른 손이 되어주는 좋은 친구이다. 마스킹 테이프는 공예용이 아닌 보양 마스킹 테이프로 선택해야 작업할 때 좋으니 기억하도록 하자.

  이렇게 핸디 전동 드라이버, 튜브 실리콘, 마스킹 테이프 3개를 갖춰 놓고 독립 생활을 시작한다면 생활하면서 불편한 점을 바로바로 해결하면서 평화로운 독립생활을 즐길 수 있다.

구경하기: 컬러가 돋보이는 집

Before

여러가지로 활용 가능한 공간

전체적으로 화이트와 그레이로 구성된 분위기

Plan

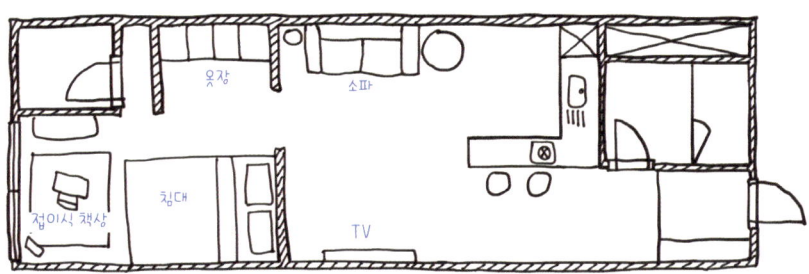

- 창가에 접이식 책상과 의자를 두고 필요할 때는 서재로 사용하도록 구성
- 블루톤의 침구, 러그, 쿠션을 활용해서 전체적으로 시원하고 감각적으로 연출

색이 선명한 블루, 블루패턴, 옐로우 쿠션으로 컬러감을 더해서 연출하기

집 주인의 센스가 돋보이는 부분
손상된 벽지를 책과 액자로 감각적으로 커버

진한 블루 러그와 실버 소재의 만남으로 세련된 느낌을 극대화

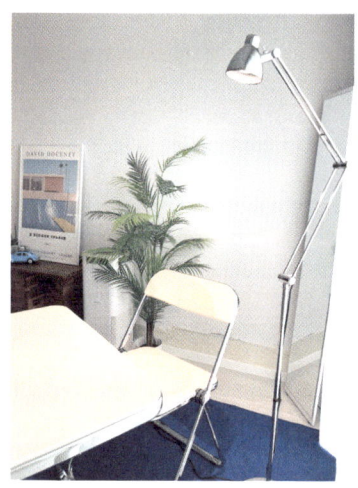
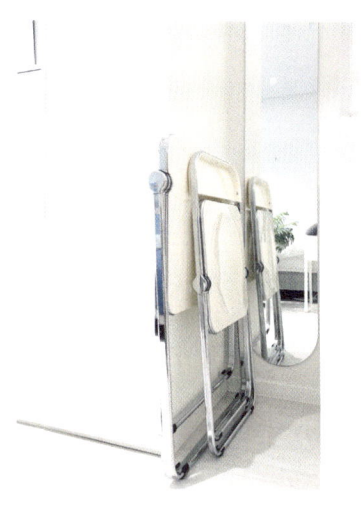

접이식 책상과 의자를 활용하여 보관이 쉽도록 하고
책상, 의자를 치웠을 때는 다용도로 활용하도록 구성하기

크림, 화이트, 블루와 네이비 색을
적절하게 사용해서 단조로움은 피하고
일관된 컨셉으로 꾸미기

벽에 위치한 콘센트는 협탁과 큰 액자를 이용해서 살짝 가려주기

옷장에 스크린을 걸어서 침대에 누워서 영화를 볼 수 있도록 다양한 방법으로 공간 활용하기

실천하기

1.

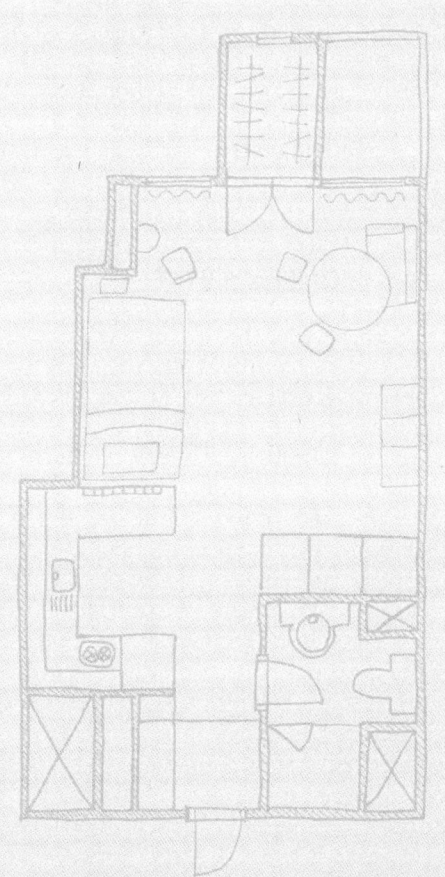

1평 더 넓어지는 가구 배치 비법

 당신이 이 집을 선택하기까지 채광, 청결, 안전, 예산 등 고려해야 할 것이 많았을 것이다. 같은 조건이라면 1평이라도 넓은 곳에서 지내고 싶지만 1평 추가가 될 때마다 예산도 비슷하게 추가가 되니 독립 생활 시작은 로맨틱했지만 현실은 냉정하다고 느낄지도 모르겠다. 이왕이면 같은 공간이라도 더 넓게 사용하고 싶은 독리버의 바램을 담아 넓어 보이는 가구 배치 팁을 정리해 보았다.

(1) 원근감 이용하기
 만약 여러분 공간이 좁고 길다면 이 방법이 다이나믹하게 작용할 것이다. 공간의 긴 면에 가구를 1자로 배치하면 안으로 공간이 들어가 보이면서 원근감이 생기게 된다. 특히 입구를 시작점으로 잡고 배치를 해보자 그러면 집에 들어가면서 느끼는 답답함이 최소화될 것이다.

식탁의 방향을 돌려서 길게 배치해 원근감을 살리는 효과

POINT!
벽을 따라 길게 배치

(2) 창문은 되도록 가리지 않기

처음 독립할 때 창문의 중요성에 대해 많이 들었을 것이다. 창문은 채광을 확보해서 집에 따뜻한 느낌을 주고 곰팡이나 습기 제거에도 도움을 준다. 환기 측면에서도 중요한데 집에 있는 냄새를 제거해서 청결한 집 상태를 만들 수 있다. 추가적으로 창문에는 확장의 효과도 있다. 우리가 뷰 좋은 집을 찾는 이유도 이와 마찬가지이다. 따라서 창문은 되도록 가리지 않는 것이 넓어 보인다.

하지만 현실적으로 창문을 열면 일명 '벽돌벽 뷰'인 사람도 '건물 뷰'인 사람도 있을 것이다. 이럴 때는 어쩔 수 없이 시선 차단 커튼이나 블라인드를 사용하기도 하는데 다소 답답하게 느껴져서 아쉬울 때가 많다. 이 상황에서는 채광은 확보하면서 바깥은 언뜻 보이는 속커튼을 핵심적으로 사용하는 것이 좋다.

이 공간도 창문을 완전히 오픈했을 때는 앞쪽 아파트가 보여서 부담스러웠는데 오히려 살짝 가려주니 답답한 느낌이 해소된 것을 알 수 있다. 만약 소중한 사생활을 더 보장받고 싶다면 겉커튼을 추가해도 좋고 신박하게 속커튼을 이중으로 설치하면 채광 조절과 사생활 보장에도 도움을 받을 것이다.

앞에 있는 아파트를 살짝 가리니 오히려 공간이 넓어지는 효과

POINT! 채광은 반드시 확보

(3) 부피를 확보하자

앞에서 언급한 실측 팁에도 언급했듯이 집의 크기를 확인할 때는 높이도 중요하다. 가로×세로는 바닥 면적만을 뜻하지만 가로×세로×높이는 부피를 뜻하기 때문이다. 면적을 넓히는 것은 불가능하지만 부피는 노력으로 확보할 수 있다. 되도록 낮은 가구를 선택해보자. 책장의 경우도 천장까지 닿을 듯한 높은 책장보다는 내 허리 정도 높이의 2단~3단을 선택하면 더 좋다. 서랍장도 6단짜리가 필요하면 3단+3단으로 구성된 가로로 긴 서랍을 선택해서 부피를 확보한다.

특히 침대는 부피가 큰 가구 중 하나여서 침대의 부피를 줄일 수 있다면 생각보다 더 많은 부분에서 부피를 확보할 수 있다. 침대는 침대 헤드가 있는 것보다는 없는 것이 더 공간을 넓게 보이게 하고 침대 프레임도 높은 것보다는 낮은 것을 선택하면 천장이 더 높아 보여서 개방감을 더 느낄 수 있다.

Before

높은 소파 대신 낮은 깔개로 더 넓어보이게

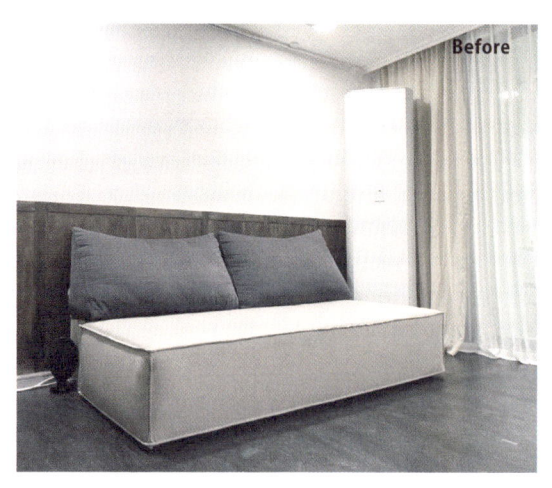

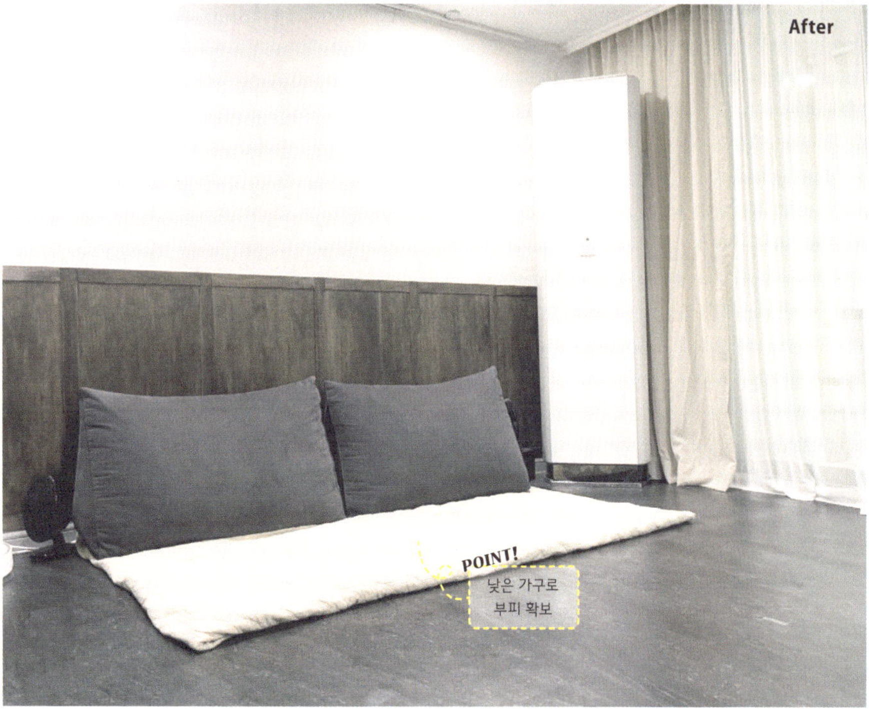
After
POINT!
낮은 가구로
부피 확보

(4) 시선의 사각지대를 이용하자

 '산토끼 잡으려다 집토끼 놓친다'라는 속담은 하나에 너무 집중하다 보면 기존에 있던 다른 것도 놓치게 된다는 뜻을 가지고 있다. 넓어 보이는 배치도 중요하지만 부피가 작은 가구만 들이면 수납에 문제가 생길 수 있기 때문에 높이가 높은 가구도 필요하다. 그럼 어디에 배치하는 것이 좋을까? 이때는 시선의 사각지대를 활용하면 좋다. 시선의 사각지대는 입구와 연결되어 있는 양쪽 벽이다. 여기에 높은 가구를 배치하면 시각적인 부담감을 가장 줄일 수 있다.

 드레스룸에 서재를 함께 배치해서 활용하고 싶다는 의뢰를 받은 적이 있다. 방의 크기는 작지 않았지만 책상 자리가 아늑하게 느껴지지 않았다. 게다가 옷장이 블라인드가 달린 반오픈 형태여서 옷이 다소 노출이 많이 되었는데 이 옷장을 시선의 사각지대를 이용해서 과감하게 이동하고 책상을 재배치했더니 같은 공간인데도 넓어 보이고 편안하게 만들 수 있었다.

책상은 입구에서 바로 보이게
부피가 큰 옷장은 시선의 사각지대로

POINT!
옷장은 시선의
사각지대로!

(5) 주인공을 만들자

 마지막 비법은 공간에 주인공을 만드는 것이다. 시선의 사각지대와 연결되는 부분인데 입구를 기준으로 사선 방향에 시선을 끌 수 있는 주인공을 두게 되면 사각지대에는 시선이 제일 나중에 가기 때문에 효과가 극대화된다.

 소형 빌라 공간 컨설팅을 진행했을 때도 이 법칙을 그대로 적용했다. 기존 주인공 자리에 키가 큰 책장이 자리하고 있었기 때문에 좁은 공간이 더 부각되어 보였다. 공간감을 확보하기 위해서 책장은 시선의 사각지대로 옮기고 기존 주인공 자리에는 낮은 책상과 피아노를 배치한 후 커다란 패브릭 포스터와 행잉 플랜트를 달아서 시선을 확 잡아주었다. 가구 배치를 다시 하기 전보다 더 큰 책상이 들어갔음에도 공간은 더 넓어 보이고 활동도도 더 높아진 뿌듯한 현장이었다.

주인공 자리에 포스터와 조명으로 포인트를 주고 키가 큰 책장은 시선의 사각지대로 이용

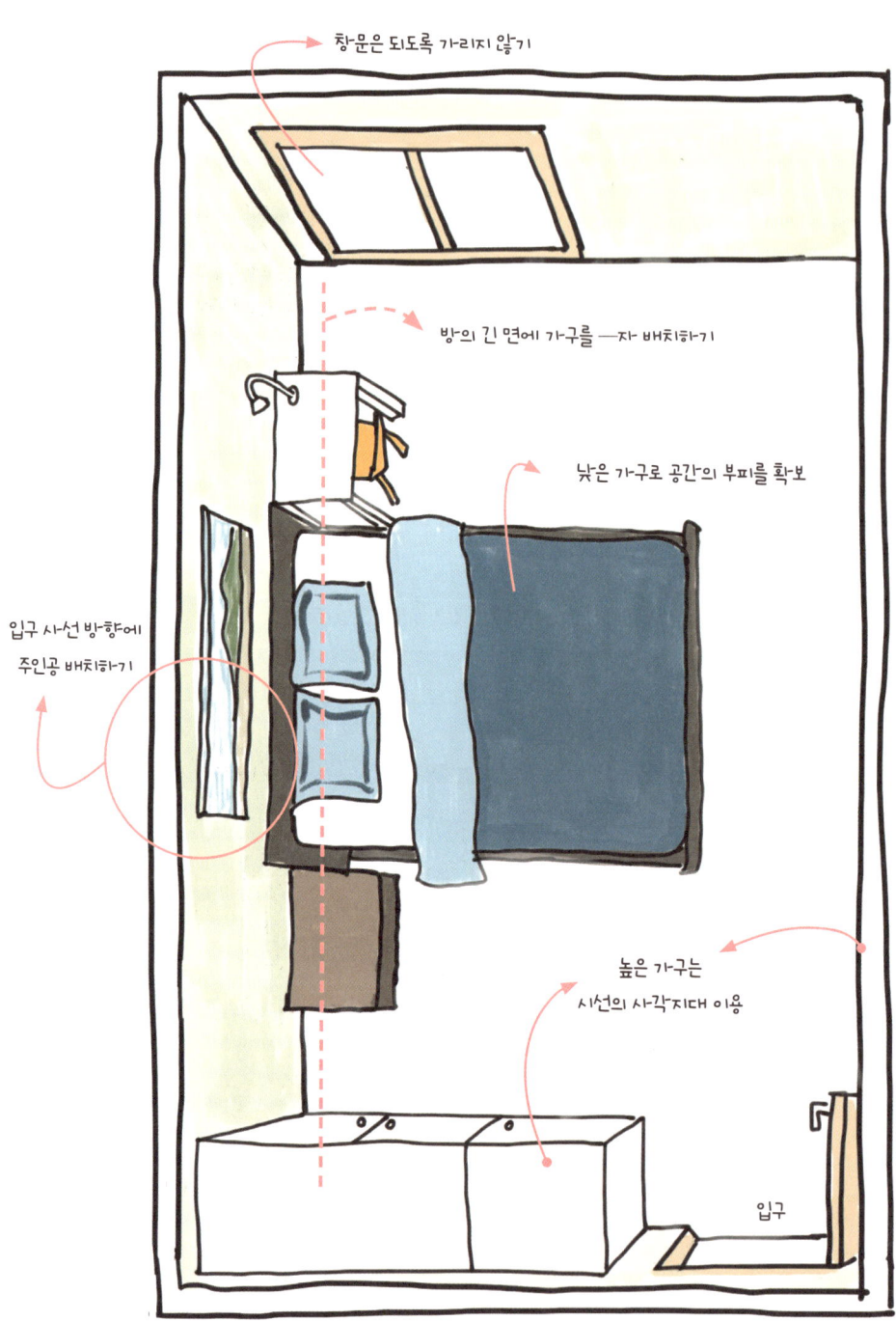

넓어 보이는 가구 배치 비법

공간을 나누는 4가지 방법

　면적과는 상관없이 집은 다양한 영역으로 구성되어 있다. 보통 공공영역, 사생활영역, 업무영역, 위생영역, 통로 영역으로 구분되어 있고 각 영역은 어느 정도 분리가 되어 있어야 한다. 공공영역은 여러 사람이 함께 사용하는 공간이기 때문에 제외하고 나머지 영역에 대해 한번 생각해 보자.

　사생활영역은 침실과 같은 사생활 보장이 가장 필요한 곳이다. 업무영역은 흔히 테이블이 있는 곳이라고 생각하면 된다. 여기에서 다양한 활동을 할 수 있다. 위생영역은 화장실, 주방 등이 포함되고 통로 영역은 입구를 포함하여 이동에 필요한 곳을 의미한다. 가구 배치를 할 때는 이 영역이 서로 엉키지 않도록 하는 것이 포인트이다. 싱크대 바로 옆에 침대를 배치하고 화장실 앞에 테이블이 놓여 있으면 세상 어색할 수 없다. 하지만 현실적으로 넓지 않은 공간이니 뜻대로 되지 않는 것도 당연하다. 그때는 공간을 적절하게 분리해줄 방법을 사용하면 된다.

공간을 나누는 4가지 방법

첫 번째는 커튼을 이용하는 것이다.

커튼은 창문에 설치하는 것이지만 천장에 커튼 봉이나 고리를 달아서 가벼운 커튼을 설치하면 공간 분리를 할 수 있다. 이때 사용하는 커튼은 빛을 완전히 가리는 암막 커튼은 피하고 되도록 시폰이나 거즈, 리넨처럼 가벼운 소재를 선택한다.

두 번째는 책장으로 분리하기다.

수납을 위해서라도 작은 책장 하나 정도는 두기 마련인데 이를 침대와 테이블 옆에 배치하면 업무영역과 사생활영역을 분리할 수 있다. 이때 팁은 높이가 2단~3단 정도의 책장으로 공간 분리를 한다면 어떤 것도 상관없지만, 더 높은 책장을 이용한다면 뒷면이 없는 개방형 책장을 이용해야 한다. 이렇게 하면 높은 책장을 이용해도 개방감을 유지할 수 있다.

책장 뒷면을 깔끔하게 마감해야 할 때는 목재를 맞춤 재단하여 타카로 고정한 후 페인트칠을 하는 것이 가장 좋다. 이것보다 쉬운 방법으로는 가격이 저렴하여 부담이 없는 천이나 필름지를 이용하는 것이고 더 쉽게 접근해 보길 바란다면 두꺼운 도화지와 양면테이프로 깔끔하게 처리해도 괜찮다. 정답은 없다. 나에게 맞는 방법이면 충분하다.

세 번째는 가벽 파티션을 이용하는 방법이다.

온라인에서 바닥에서 천장까지 높이를 측정하여 주문 제작하면 디자인과 내구성까지 우수한 가벽 파티션을 만들어서 배송해준다. 그대로 포장만 뜯어서 설치하면 간단하게 공간 분리가 완성된다. 유일한 단점이라면 가격이다.

아무래도 부피가 있다 보니 저렴하지는 않다. 이럴 때는 아래쪽에 가구를 배치하고 그 위에 가벽 파티션을 올리면 가격에 대한 부담을 조금이나마 줄일 수 있다.

네 번째는 침대 헤드 자체를 활용하는 것이다.

　보통 침대 헤드는 벽에 붙여서 사용하지만 침대 헤드를 공간 분리의 목적으로 사용하면 원룸 같은 좁은 공간에서도 공간 분리를 쉽게 할 수 있다. 침대 헤드와 마주 보게 테이블을 배치하면 테이블에 앉아서는 침대가 잘 보이지 않아서 분리된 것처럼 느껴지면서도 유연하게 공간 흐름을 유지할 수 있다. 침대 헤드와 소파 등받이를 붙이는 것도 좋은 아이디어다. 호텔 방에서도 사용하는 배치인데 아늑한 느낌을 극대화할 수 있다.

홈짐, 홈시네마, 홈스튜디오
이거 하나면 된다고?

요즘 유행하는 2대 허언증이란 우스갯소리가 있다. 하나는 퇴사이고 다른 하나는 유튜버가 되겠다는 것이라고 한다. 이런 말까지 나오는 것을 보니 이제 누구나 영상, 사진 촬영을 통해 콘텐츠를 제작하는 것이 필수인 시대라는 생각이 든다. 실제로 취미로 시작해 이를 전문적, 상업적으로 발전시켜서 수익을 창출하는 하비프러너(Hobby-preneur)도 트렌드로 자리 잡았다. 이런 측면에서 취미 생활을 위한 공간 구성도 상당히 중요한데 넓지 않은 공간에서 홈스튜디오, 홈짐, 홈시네마를 각각 만드는 것은 쉽지 않다. 이를 한 번에 연출해주는 멀티 가구가 있으니 바로 옷장이다.

옷장은 다양한 물건을 수납할 수 있을 정도로 깊이가 깊어서 활용도가 높다. 옷장 한 통에서 세로 1/2을 남겨서 요가 매트, 폼롤러 아령 등 각종 홈짐용품을 수납해보자. 그리고 옷장 문에는 문걸이용 전신거울을 걸면 운동을 할 수 있는 공간으로 변신한다. 이렇게 하면 이동할 필요 없이 옷장 앞이 바로 홈짐이 되는 것이다.

옷장에 문걸이 거울을 걸면
간단하게 홈짐 공간 완성

문걸이 훅(hook)과 족자형 빔프로젝터 스크린을 이용해서 홈시네마로도 간단하게 변신을 할 수도 있다. 옷장 문에 문고리 훅을 걸고 여기에 족자형 빔프로젝터 스크린을 걸면 스크린을 설치할 수 있다. 스크린을 천장에 설치하기 어렵거나 공간 때문에 스탠드형 스크린을 놓기 부담스러울 때 이 방법을 이용하면 나만의 홈시네마를 즐길 수 있다.

각종 촬영을 위한 공간인 홈스튜디오는 깔끔한 배경이 필수다. 하지만 넓지 않은 공간에서 촬영하다 보면 생활용품이 눈에 걸리는 경우가 많다. 천장에 못을 박을 수 있다면 커튼레일을 천장에 설치하여 여유로운 촬영 공간을 만들 수 있는데 상황이 허락되지 않는다면 이것 역시 옷장을 이용하면 된다. 옷장 문에 문걸이 훅을 걸고 커튼을 끼운 봉을 올리면 꽤 괜찮은 스튜디오 배경이 되니 참고해보자.

문걸이 후크를 사용해서 족자형 스크린을 걸었더니 홈시네마가 내 눈앞에

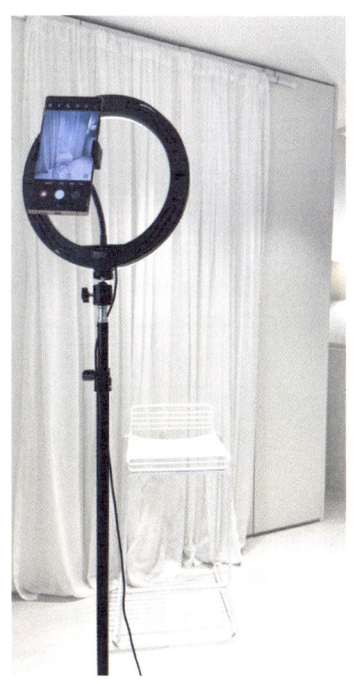
문걸이 후크를 양쪽으로 걸고 그 위에 커튼봉을 올리면 꽤 괜찮은 촬영 배경으로 활용 가능

실천하기

2 기초화장

메이크업과 집 꾸미기는 닮았다

집 꾸미기와 메이크업의 가장 비슷한 점은 조화가 중요하다는 점이다. 얼굴 전체의 메이크업을 할 때도 립에 포인트를 줄 것인지 아이 메이크업에 힘을 줄 것인지 정해서 조화롭게 해주는 것처럼 집 꾸미기도 주연과 조연을 잘 정해야 안정적인 분위기 연출을 할 수 있다. 이에 대한 내용이 바로 가구 배치 비법에서 언급한 주인공 자리와 시선의 사각지대 이용하기이다.

컬러가 핵심이라는 점도 메이크업과 집 꾸미기의 큰 공통점이다. 화장품을 구입하러 갔을 때 립스틱, 아이라이너, 아이섀도 등 다양한 제품의 색상이 잘 어울릴지 무수히 테스트를 해보며 구입한 적이 있을 것이다. 집 꾸미기에 들어가는 가구와 소품도 내가 정한 베이스 컬러, 메인 컬러, 포인트 컬러에 맞는 것들로 구성해주면 없던 감각도 생겨나는 듯한 경험을 하게 될 것이다. 이를 적용하는 방법은 앞서 이야기한 '복세편살의 마음으로' 파트를 참고하면 좋겠다.

기초화장이 튼튼해야 색조도 잘 먹는다는 말은 화장이라는 것을 처음 접했을 때부터 누누이 들었을 것이다. 집도 마찬가지다. 벽, 바닥, 문, 싱크대, 신발장 같은 붙박이 가구처럼 집의 바탕이 되는 기초가 너무 더럽거나, 현란하다면 애써 내가 선택한 가구와 소품이 빛을 내지 못할 수도 있다. 이런 상황이라면 집주인의 허락을 받고 집에도 기초화장을 해주면 가장 좋다. 벽과 문은 셀프 페인팅이나 셀프 도배로 해결할 수 있고 바닥의 경우 장판, 데코타일 시공을 해준다. 싱크대나 빌트인 옷장의 경우 인테리어 필름지를 이용해서 리폼한다. 보통 집주인은 셀프 페인팅보다는 셀프 도배를 더 선호하는 경향이 있고 싱크대의 경우에는 인테리어 필름지 리폼을 더 좋게 여긴다. 내 공간의 기초를 바꿔주면 내가 원하는 무드가 단단하게 완성된다.

우리 집 기초화장 꼭 해야 하나요?

　상황에 따라 벽, 바닥 같은 기초 바탕 부분에 시공 허락을 받기 어려울 수도 있다. 그렇다고 하더라도 크게 염려하지 않았으면 좋겠다. 상대적으로 아담한 독리버의 공간 특성상 가구와 소품으로만 스타일링 해도 전체 분위기를 쉽게 바꿀 수 있다. 벽에는 풍부한 느낌의 대형 패브릭 포스터를 설치하고 바닥에는 대형 러그를 깔아주는 것만으로도 시공의 효과를 볼 수 있다. 그럼에도 불구하고 원상복구가 가능한 시공을 해보고 싶다면 2개의 아이템을 추천한다.

(1) '포스트잇'처럼 붙였다 떼어내는 벽지

　이 벽지는 마치 뒷면서 포스트잇과 같은 점착 성분으로 되어 있어서 따로 도배풀을 사용할 필요가 없고 나중에 제거해도 점착풀이 남지 않는 것이 장점이며 환경에 따라 약간의 점착풀이 남더라도 쉽게 제거할 수 있다. 놀라운 기능만큼이나 가격은 다소 있지만 개성 있는 공간을 위해 투자하고 싶을 때 좋은 제품이다. 비용을 아끼려면 하단에 가구를 놓고 남는 벽면에만 시공하면 비용과 스타일을 모두 잡을 수 있다. 검색 사이트에 '매직 스티커 벽지', '포스트잇 벽지'로 검색하여 한 번쯤 사용해보는 것도 좋을 것이다.

두께가 얇기 때문에 기존 벽지 색상을 고려하여 제품을 선택. 뒤에는 투명한 이형지가 붙어 있어서 이를 모두 제거하고 붙임

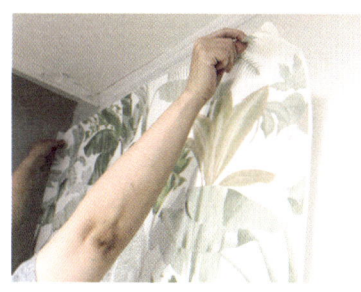

• 위에서 아래로 구겨지지 않도록 붙이기

• 다시 떼어내도 이처럼 접착제가 남지 않음

가뿐하게 색다른 분위기 연출 성공!

(2) 묵직함이 장점인 타일 카펫

타일 카펫은 커다란 카펫을 타일 모양으로 만든 것이다. 뒷면에는 고무판이 붙어 있어서 꽤 묵직하다. 본드를 이용해 시공하기도 하지만 자체의 무게가 묵직하기 때문에 접착제 없이 바닥 전체에 깔아줘도 괜찮다.

그럼에도 불구하고 조금 더 고정을 원한다면 투명한 재질의 미끄럼 방지 스티커를 사용하면 된다. 이 스티커는 타일 카펫을 판매하는 곳에서도 함께 판매하고 있으며 미끄럼 방지 스티커는 다시 떼어내도 자국이 남지 않기 때문에 부담이 없다.

타일 카펫은 그야말로 타일 형태이니 오염이 생겼을 때는 일부만 교체하면서 관리할 수 있다. 나중에 교체를 원할 때 추가로 구입을 하면 같은 브랜드, 색상이라고 해도 색이 달라 보일 수 있다. 따라서 구입할 때 몇 장 정도 추가로 구입해 놓기를 추천한다.

· 원하는 색상의 타일 카펫를 준비

· 뒷면은 고무로 되어 있어 무게감이 있음

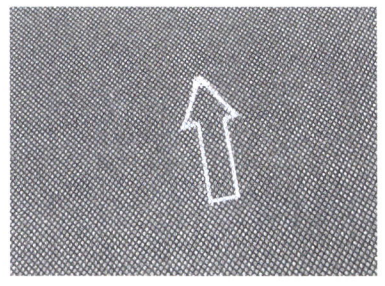

· 뒷면 화살표를 같은 방향으로 놓으면 통일되게 시공 가능

 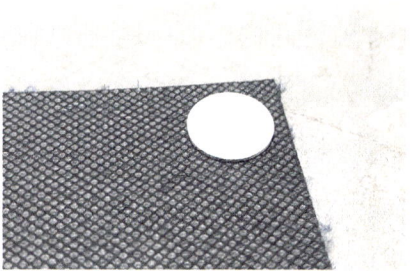

· 밀리는 것을 최소화하려면 미끄럼방지 테이프를 이용

· 타일 카펫 뒷면 끝부분에 붙이면 틈이 생기지 않음

· 손쉽게 바닥 분위기 180도 변신

추억이 생긴다

벽 페인트칠만으로 바뀌는 분위기

　셀프 페인팅 중에서도 벽지 셀프 페인팅은 가장 쉬운 편이다. 독리버들에게도 추천하는 시공으로 컨설팅을 할 때도 셀프 페인팅이 가능한지 확인해보고 페인트 컬러를 정해주기도 한다. 수천 가지 컬러 중에서 컬러를 선택하고 직접 페인트를 바르면서 경험하는 공간에 대한 변화는, 마음에 남는 기억이 되고 내 집을 만들어 간다는 추억이 생기는 특별한 일이다. 보통 페인트칠을 할 때는 롤러를 사용하는데 초보자가 쉽게 사용할 수 있는 페인팅 도구로 페인팅 패드를 이용해도 좋다. 전문가 시공을 배운다기보다는 쉽게 따라 할 수 있는 벽지 셀프 페인팅의 방법으로 페인팅 패드를 이용한 셀프 벽지 페인팅 단계를 알아보자.

벽지 셀프 페인팅 기본 준비물

- 7인치 롤러 또는 페인팅 패드
- 붓 또는 디테일 페인팅 패드
- 페인트 트레이
- 마스킹 테이프와 커버링 테이프

하나씩 따로 구입하기 어렵다면 각 페인트 업체에서 판매하는 벽지 페인트 전용 키트를 구입하면 편하다!

페인트는 크게 벽지용, 가구용, 외부용으로 나뉜다. 특정 목적에 맞도록 제작된 타일 전용, 철제 전용 페인트도 있다. 벽지 페인팅을 할 때는 벽지 전용 페인트를 선택한다. 페인트는 다양한 광이 있는데 광이 없는 무광, 달

갈 껍질의 광 정도 되는 에그쉘광, 이보다 더 광이 높은 반광 등이 있다. 경험이 별로 없다면 에그쉘광을 선택하는 것이 칠하기도 쉽고 은은한 느낌이 나기에 적합하다.

　페인트는 한 통에 보통 1ℓ로 판매를 하는데 가로 2.3m × 세로 2.3m 벽에 2번 칠하는 기준으로 한 통이 필요하다. 보통은 벽지 위에 바로 페인트를 칠해도 되지만 기존 벽지가 실크 벽지거나 무늬가 강한 경우 또는 진한 색 벽지에 밝은색을 칠하고 싶을 때 밑칠을 해줘야 한다. 밑칠은 프라이머로 하는데 젯소를 이용한다. 젯소를 칠해주고 충분히 건조한 후 원하는 페인트를 칠하면 컬러 발색도 잘 되고 밀착력도 올라간다.

페인트 패드로 셀프 페인팅하기

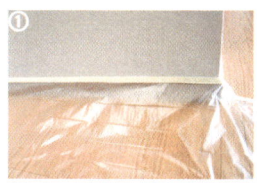
마스킹 테이프, 커버링 테이프로 보양 작업 하기

콘센트나 스위치에도 보양 작업 진행

페인트는 잘 저어서 준비

페인트를 덜어낼 때 마스킹 테이프를 붙이면 깔끔

페인트 트레이에 비닐을 씌우고 페인트를 덜어내기

세밀한 부분은 붓 또는 디테일 패드로 칠하기

- 칠하고자 하는 면적의 가장자리부터 칠하기
- 가장자리를 다 칠하면 가운데 부분을 칠하기
- 페인팅 패드에 골고루 페인트를 묻혀서 준비

- 위에서부터 아래 순서로 페인트 칠하기
- 좌에서 우, 상에서 하 방향으로 칠하기
- 1차로 칠한 다음 건조가 되면 2차 페인팅하여 마무리

Before

- 어두운 색상에서 밝은 민트 컬러로 셀프 페인트칠을 했더니 한층 밝아지는 다이닝 공간으로 변신

After

알고 보면 참 쉬운
셀프 도배

어떤 면에서 셀프 도배는 벽지 페인트칠보다 더 쉬울 수도 있다. 도배에 있어서 가장 번거로운 점은 도배풀을 벽지에 바르는 일인데 풀 바른 벽지를 이용하면 이 단계를 건너뛸 수 있다. 풀 바른 벽지를 구입하면 선택한 벽지에 도배풀을 바른 상태로 포장된 제품을 받을 수 있다. 바로 도배를 시작할 수 있어서 아주 간편하다. 단, 풀 바른 벽지는 기존 벽의 상태에 따라 시공 가능 여부가 달라지는데 이런 점을 보완한 만능 풀 바른 벽지를 이용한다면 단열 벽지 위를 제외하고는 조금 더 자유롭게 셀프 도배를 시도해 볼 수 있다.

셀프 도배를 할 때는 기존 벽지를 제거하고 해도 되지만 기존 벽지 위에 덧방 시공을 하면 더 빠르게 작업을 할 수 있다. 덧방 시공을 할 때는 기존 벽지가 무엇인지 알아야 하는데 합지 벽지인지, 실크 벽지인지에 따라 풀 바른 벽지와 만능 풀 바른 벽지 중 선택하여 시공하면 된다. 합지 벽지는 폭이 좁고 겹침 시공하기 때문에 이음새가 잘 보이는 것이 특징이다. 실크 벽지는 겹침 시공하지 않기 때문에 이음새가 잘 보이지 않고 벽지 폭이 넓

은 편이다. 기존 벽지가 어떤 것인지 파악한 후 작업을 시작하도록 하자

풀 바른 벽지	만능 풀 바른 벽지
실크 벽지, 시트지 단열 벽지는 제거 후 시공	기존 벽 마감재와 상관없이 시공 가능 (단, 단열 벽지 제외)
콘크리트 벽에는 초배지 작업하면 좋음	초배지 작업을 하지 않고도 바로 붙일 수 있음
일반 벽지 시공 정도의 접착력	일반 풀에 비해 접착 강도가 높음

합지 벽지	실크 벽지
종이	종이 +PVC
코팅이 되어 있지 않음	코팅이 되어 있음
초배지 필수 아님	초배지 필수
겹침 시공	겹치지 않아서 이음새 잘 보이지 않음
폭이 좁음	폭이 넓음

만능 풀 바른 실크 벽지로 셀프 도배하기

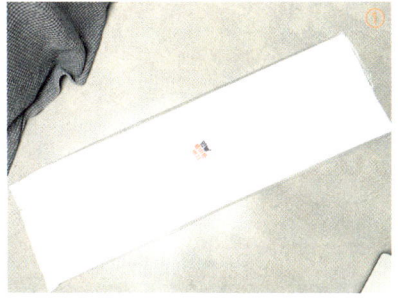

· 벽 세로 사이즈보다 +5cm로 주문한 만능 풀바른 실크 벽지를 준비

· 벽지가 풀로 젖어있기 때문에 조심스럽게 맞닿은 면을 떼어주기

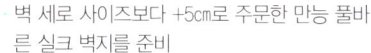

· 3cm이상 여유를 두고 위에서부터 붙이기

· 벽지를 펴 줄 때는 도배솔이나 마른 걸레를 이용하기

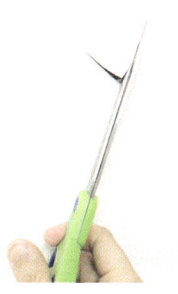

· 콘센트나 스위치 부분은 가위로 x자로 잘라서 사이즈게 맞게 잘라내기

· 내가 생각한 사이즈보다 약간 작게 구멍을 내면 더 깔끔해짐

- 겹침시공하지 않고 이음새를 맞닿게 하여 붙인 다음 이음새를 도배 로라로 잘 문질러주기
- 걸레받이 부분까지 잘 밀착한 후 칼받이나 밀대 등을 대고 칼로 남은 부분 잘라내기

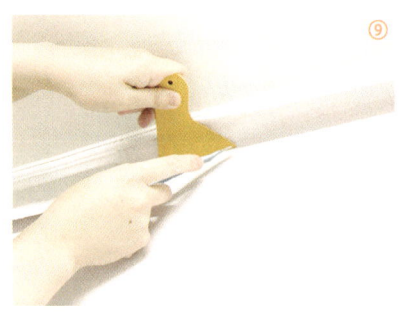

- 천장 부분도 동일하게 잘라내고 도배지를 자를 때는 무조건 새 칼날을 사용하기
- 주변에 도배풀이 묻어있다면 닦아주면서 시공하기

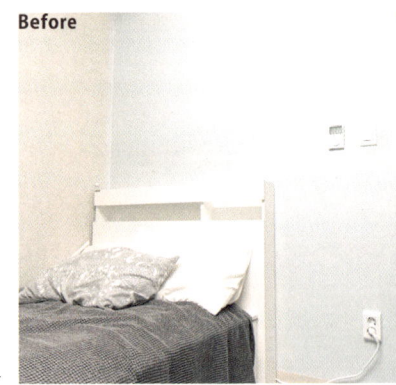
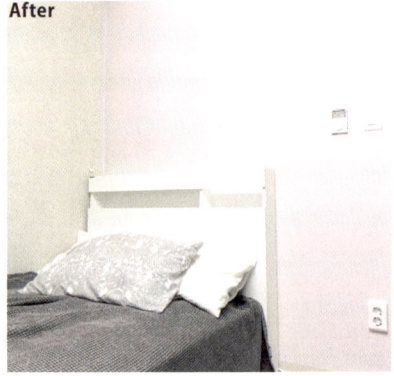

- 1시간 만에 블루톤의 방에서 핑크톤의 방으로 러블리하게 변신

싱크대는
필름지로 해결하자

    싱크대의 경우 집의 기초 바탕에 해당하지만 마음대로 교체할 수 없는 부분이라 곤란할 때가 있다. 리폼을 해서 원하고자 하는 무드로 맞추는 것이 가장 좋은데 벽지 페인팅과는 다르게 싱크대 같은 가구 페인팅은 진행해야 할 과정도 많고 기술이 필요하기 때문에 인테리어 필름지 셀프 시공을 추천한다. 인테리어 필름지를 구입할 때는 시트지와 구분하여 구입해야 한다. 인테리어 필름지는 시트지와 다르게 두꺼운 편이고 초반 접착력은 낮다가 나중에 접착력이 올라가기 때문에 초보자도 시공하기 편한 반면, 시트지의 경우 얇아서 기포나 구김이 생기기 쉽고, 시간이 갈수록 접착력이 떨어진다.

    인테리어 필름지는 자체 접착 성분이 있지만 접착력, 유지력 상승을 위해서 필름지 시공 전 프라이머를 발라주면 좋다. 프라이머는 물에 1:1로 희석해서 사용하는 프라이머와 이미 물에 희석하여 판매하는 수성 희석 프라이머가 있다. 일반 프라이머는 대용량이라 보관도 쉽지 않기에 독리버에게는 수성 희석 프라이머를 추천한다. 한가지 주의해야 할 점은 프라이머를 사용하게 되면 제거가 힘들기 때문에 원상복구를 해야 하는 상황이라면 프라이머 사용은 고려해봐야 한다.

싱크대 도어 인테리어 필름지 붙이기

① 싱크대 도어는 분리해서 준비

② 수성 희석 프라이머와 붓으로 필름지 붙일 곳에 바르기

③ 모서리 부분에 특히 신경 써서 바르고 하루 정도 충분히 건조하기

④ 필름지는 도어 사이즈보다 상하좌우 모두 10cm 크게 재단하고 필름지 중앙에 도어가 오도록 위에서부터 붙이기

⑤ 앞쪽에 필름지를 붙인 도어를 뒤집어주기

⑥ 도어의 두께에 3mm를 더한 길이만큼 간격을 두고 모서리 부분을 사선으로 자르기

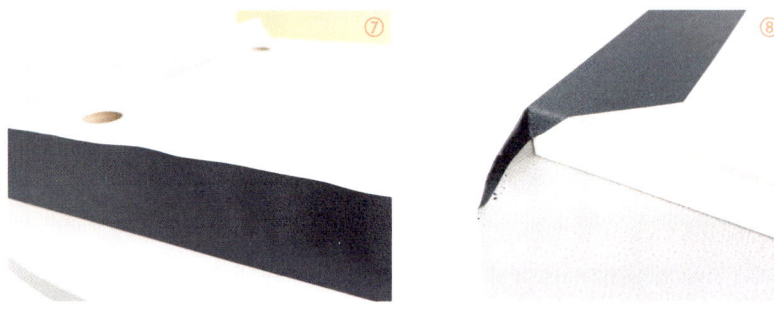

- 도어 위쪽부터 살짝 잡아당겨가며 각을 살리면서 뒤쪽까지 넘겨서 붙여주기
- 모서리는 위와 같이 접어서 각을 살려주기

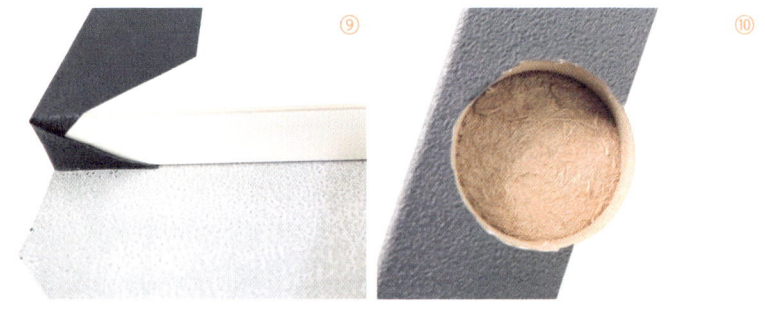

- 나머지 부분은 도어 라인에 맞춰서 가위로 잘라주고 남은 부분은 접어서 붙인 다음 옆면을 붙이기
- 경첩 구멍은 칼로 잘라내기

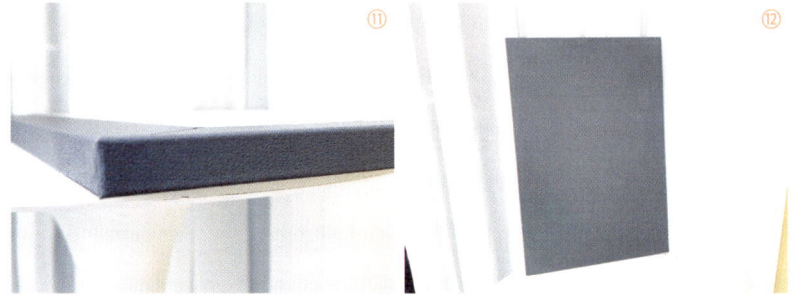

- 이 방법으로 모서리 부분 깔끔하게 처리 가능
- 인테리어 필름지로 싱크대 도어 컬러 변경 성공

실천하기 / 111

상황이 허락하지 않는다면 간단하게 싱크대 손잡이를 교체하는 것만으로도 분위기를 바꿀 수 있다. 싱크대 손상 없이 가장 쉽게 할 수 있는 방법은 기존 손잡이가 달려 있던 곳에 그대로 손잡이만 교체하는 것이다. 이때 확인해야 하는 것은 ==1. 기존 손잡이 구멍 위치 2. 싱크대 도어 두께==이다. 잘 모르겠다면 기존 손잡이를 떼어내서 손잡이 사이즈를 확인해보는 것도 좋은 방법이다. 동일한 사이즈의 손잡이를 고정할 때는 나사가 필요한데 이때 싱크대 도어 두께에 맞는 나사를 선택하면 된다.

버릴 때도
돈이 든다

    셀프 바닥 시공은 만만하게 볼 상대가 아니다. 벽지 철거는 초보자라도 용기와 오기만 있다면 어찌어찌 뜯어내어 돌돌 말아 폐기물 스티커를 붙여서 처리한다지만 바닥재는 뜯어내는 것도 일이요, 무게도 상당해서 옮기는 것도 일이다. 게다가 이런 폐기물은 처리비용이 따로 들기 때문에 바닥은 단호하게 덧방 시공을 추천한다. 바닥 덧방 시공도 벽지와 마찬가지로 기존 바닥재가 무엇인지 알아야 한다. 장판 위의 경우 데코타일, 장판, 장판 시트지로 덧방을 하면 되고 데코타일이라면 데코타일로 덧방이 가능하다. 이런 바닥재는 '셀프 장판', '셀프 데코타일'로 검색하면 쉽게 관련 제품을 찾을 수 있다.

셀프 시공에 좋은 바닥재

접착식 데코타일

tip 데코타일을 붙일 때는 가장자리가 아닌 기준선을 잡고 붙여야 하며 시공할 때는 뒷면의 화살표 방향을 확인하기

접착식 띠 장판

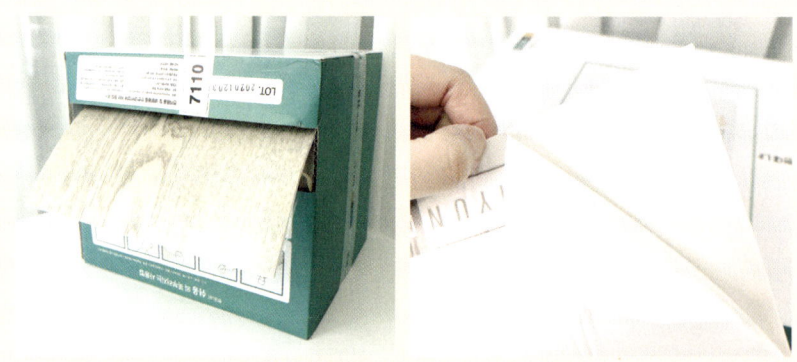

tip 뒷면 이형지를 떼면서 그대로 기존 장판 위에 시공하며 시공은 입구부터 시작하기. 일반 장판은 배송받기 까다롭지만 띠 장판은 택배로 받아서 편리함

셀프 시공에 좋은 바닥재

장판 시트지

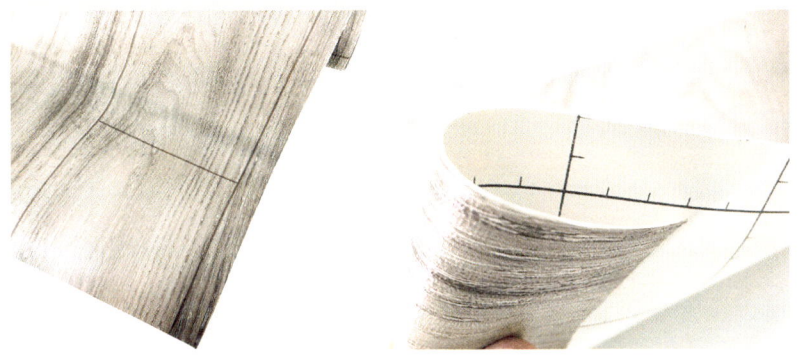

tip 기본적으로 필름지와 유사하나 무늬가 바닥재이고 질감이 있는 장판 시트지는 다른 자재보다 상대적으로 얇기 때문에 바닥 이물질을 확실하게 제거하고 시공하기

실천하기

3

다른 시선으로 바라보기

 홈갤러리를 들으면 어떤 이미지가 떠오르는가? 아마 그림을 설치해서 미술관처럼 전시하는 것을 생각하기 쉬울 것이다. 하지만 홈갤러리는 조금 더 큰 의미로 내가 좋아하는, 내 취향을 느낄 수 있는 부분을 뜻한다. 그것이 그림이 될 수도 있고, 스탠드나 다른 오브제일 수도 있다. 집에 소품을 활용하여 홈갤러리를 만드는 것은 내 공간을 Very Good 레벨로 만들어주는 좋은 생각이다. 영감을 주는 오브제는 집에 생명력을 주고 그것을 바라보는 나는 행복을 느낄 수 있다.
 홈갤러리는 시선을 끌어주는 주인공 자리도 좋지만 주인공 자리는 공간의 첫 느낌을 좌우하는 역할이 더 크기 때문에 집에서 시선이 가장 오래 머무는 곳을 찾아서 홈갤러리를 꾸미도록 한다.
 내가 침대에 누워있는 시간이 가장 길다면 침대에 있을 때 많이 바라보는 벽을 홈갤러리로 선정하거나 주로 테이블에서 시간을 보낸다면 테이블에 앉았을 때 보게 되는 쪽을 정한다. 감이 잘 오지 않는다면 핸드폰을 꺼내서 내가 주로 머무는 곳에서 최대한 편안한 자세로 이리저리 사진을 찍어보자. 사진을 보다 보면 느낌이 오는 자리가 분명히 있을 것이다.

  카메라는 내 시선을 정리해주는 또 다른 시선이다. 그냥 눈으로 봤을 때와는 다르게 집을 분할하여 보여주기 때문에 공간에 대한 이해가 쉬워진다. 마음에 드는 소품들을 홈 갤러리에 놓았는데 너무 산만하게 또는 너무 조잡하게 느껴진다면 그때도 사진을 찍어보자. 한 구역에 소품을 배치했다고 생각했지만 사진을 찍어보면 너무 동떨어지게 보일 수도 있고 사진을 통해 소품 간의 간격이 적당한지도 알아볼 수 있다.

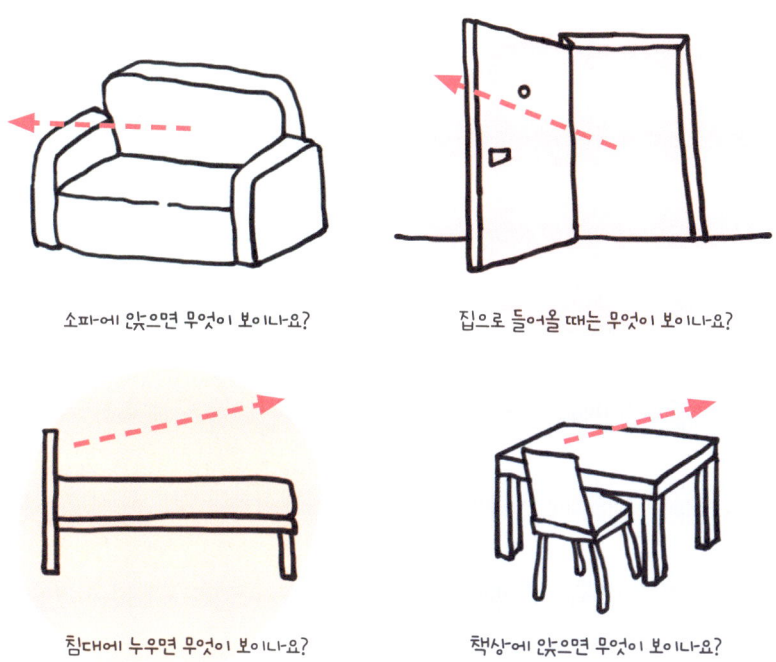

소파에 앉으면 무엇이 보이나요?

집으로 들어올 때는 무엇이 보이나요?

침대에 누우면 무엇이 보이나요?

책상에 앉으면 무엇이 보이나요?

홈갤러리 위치 정하기

시각적 소음을 줄이는 비법

　스웨덴의 대표적인 인테리어 전문가 프리다 람스테트의 『인테리어 디자인과 스타일링의 기본』이란 책에서 '시각적 소음'에 대한 내용을 보고 깊은 공감을 했다. 시각적 소음이란 간단하게 말해서 내 눈에 거슬리는 무엇인가가 있는지를 보는 것이다. 이는 소품이나 가구를 배치할 때도 똑같이 적용될 수 있다. 나는 이를 외곽선 정리하기 스킬이라고 말한다. 외곽선 정리하기 스킬은 가구나 소품의 라인을 그린 다음 이 라인을 최대한 단순하게 정리하는 방법이다. 외곽선을 단순하게 만드는 이유는 외곽선이 너무 복잡하게 보이면 시각적 소음이 발생하기 때문이다. 이는 넓지 않은 공간에 많은 물건과 가구가 들어갈수록 더 중요한 부분이라 독리버들에게는 꼭 외곽선을 고려해서 소품과 가구 배치를 제안한다.

　심지어 좁지 않은 공간에서도 그 효과를 확실하게 느낄 수 있다. 넓은 침실이고 물건이 많지 않았음에도 무엇인가 산만한 느낌이 들었던 공간을 의뢰받은 적이 있다. 나는 이 공간의 안정된 스타일을 위해서는 외곽선 정리가 시급하다고 판단했다.

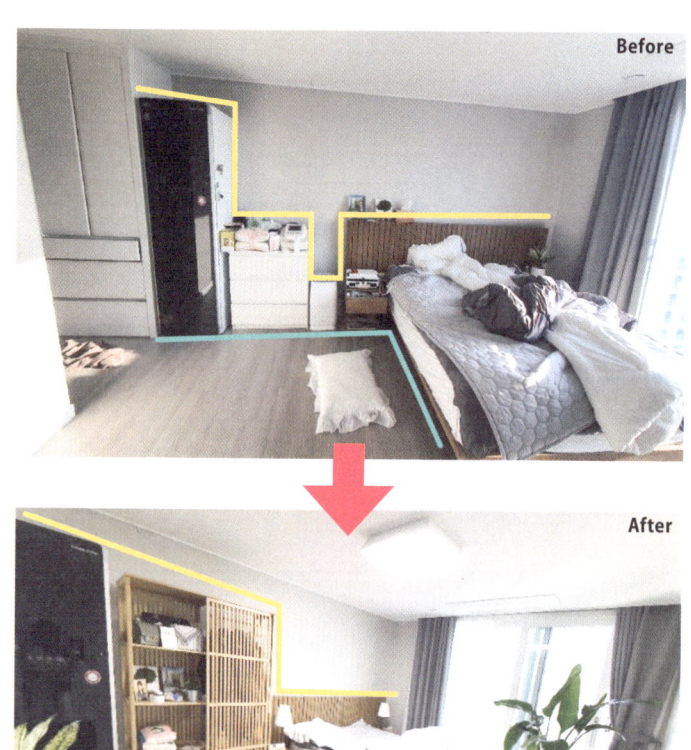

 그래서 과감하게 소가구를 정리하고 큰 하나의 원목 가구를 배치할 것을 제안하고 바닥에는 러그 추천했다. 이 변화로 복잡했던 외곽선이 벽과 바닥 모두 단정하게 정리되면서 편안한 느낌의 공간이 되었다. 어딘가 모르게 공간이 어수선하고 정신이 없는가? 그렇다면 해답은 바로 외곽선 정리에 있다는 것을 잊지 말자.

매력적인 소품 배치

신기한 것은 SNS 속 집들의 소품은 대부분은 감각적으로 보인다는 것이다. 분명 같은 링크를 타고 들어가 같은 제품을 구입했는데 우리 집에 오면 하나도 매력적으로 보이지 않는 것은 분명 누군가의 장난이거나 꽤나 심한 포토샵의 결과라고 믿게 되기도 한다. 하지만 같은 그림이라고 해도 어떻게 놓는지에 따라 눈에 잘 띌 수도, 또는 가치가 없어 보일 수도 있다. 그것이 사실이다.

(1) 삼각형을 이용하자

마음에 드는 소품을 구입한 당신, 이제 배치만 하면 완성이다. 하지만 아마도 여기에서 회로가 잠시 멈추게 되는 사람이 대부분일 것이다. 그럴 때는 도형을 이용하면 좋다. 가장 좋은 것은 삼각형을 이용하는 것인데 이때 삼각형은 일반적인 삼각형이 아닌 중심 부분이 살짝 이동한 기울어진 삼각형이어야 세련되게 느껴질 수 있다. 이렇게 소품을 배치하면 물건을 단순히 모아 놓은 것이 아니라 디자인 감각을 가미했다고 느껴질 것이다.

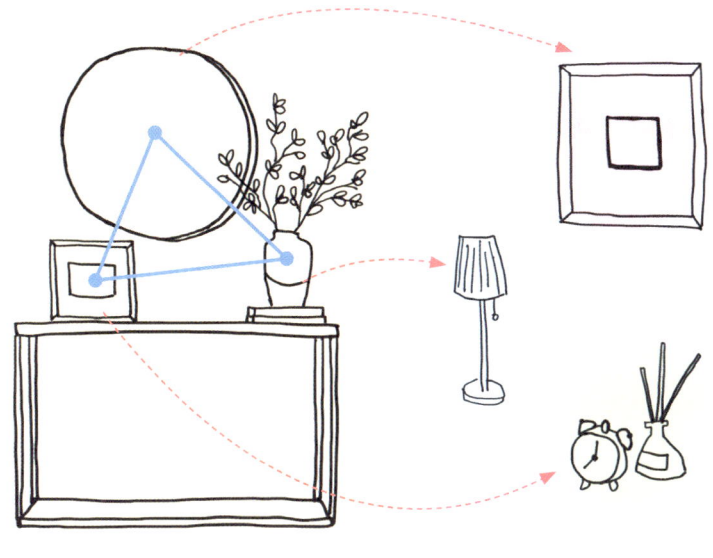

삼각형 구도의 응용

  삼각형의 제일 위 꼭짓점에는 누구나 집에서 필요한 시계를 대표적으로 걸 수 있고, 또 다른 것으로는 거울이나 그림을 걸 수 있다. 위 그림에서 화병이 있는 자리에는 스탠드 등을 놓을 수 있고 아래쪽에는 책 대신에 작은 액자나 디퓨저를 놓으면 좋다. 이렇게 삼각형 구도를 신경 쓰면서 배치하다 보면 선택한 소품의 존재감이 살아난다.

  삼각형 구도는 크기가 다른 세 개의 화병을 배치하거나 쿠션을 배치할 때도 동일하게 적용될 수 있다. 심지어 꽃을 꽂을 때도 삼각형만 기억하면 세련미 한 방울을 더할 수 있다.

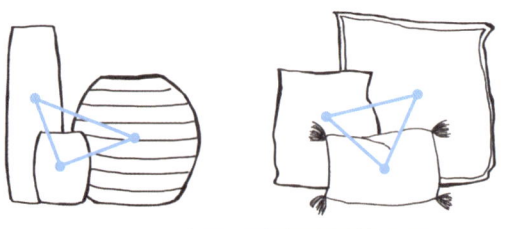

어디에나 적용 가능한 삼각형 구도

(2) 멋져 보이는 대칭 구도

소품 배치에 있어 따라 하기 쉬운 방법 중 하나는 11자, 대칭을 이용하는 것이다. 대칭 구조에 대해 너무 뻔하다고 생각할 수도 있지만 호텔을 떠올려보면 11자 구조에 대한 생각이 달라질 것이다. 호텔에서 주로 사용하는 침대를 중심으로 한 11자 구도 즉, 대칭 구도는 가장 안정적이고 쉬운 소품 배치이다. 그런데도 대칭 구도의 매력이 부족하다고 생각된다면 대칭 구도를 멋져 보이게 만드는 트릭을 적용하면 된다.

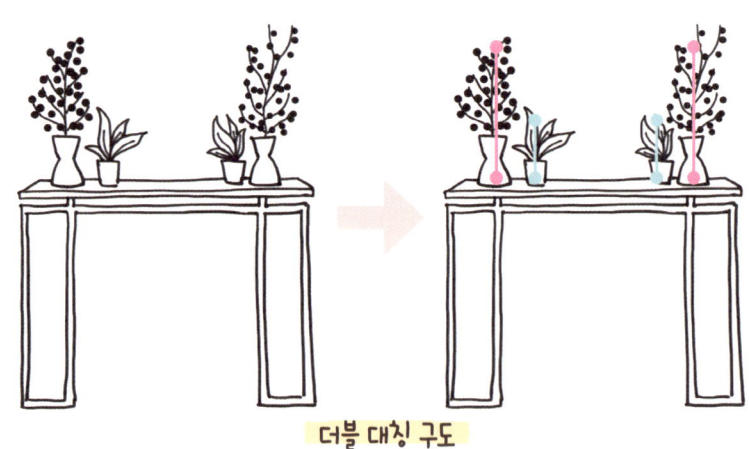

더블 대칭 구도

일단 더블 대칭 구도를 이용해 보자. 대칭 구도를 두 번 겹쳐서 사용하는 것이다. 이렇게 하면 대칭 구조가 너무 부각되어 보이지 않으면서도 쉽게 소품 배치를 할 수 있다.

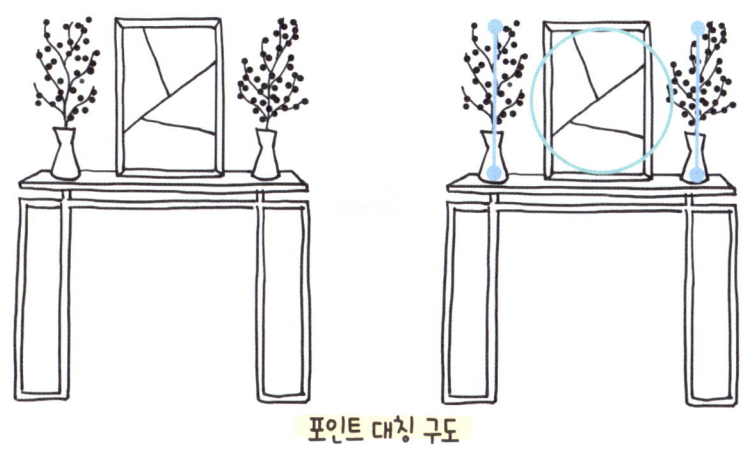

포인트 대칭 구도

다른 하나는 대칭 구도 사이에 포인트가 되는 오브제를 추가하는 것이다. 동일한 사이즈의 거울이나 액자를 2개 대칭으로 설치하고 나면 안정적이면서도 어딘가 어색함을 느낄 것이다. 이때 오브제를 중심에 추가하면 어색한 느낌이 사라지고 균형이 잘 잡힌 느낌이 든다.

(3) 리듬감을 만들자

소품 배치에 있어서 리듬감이란 우리가 노래에서 듣는 청각적인 부분이 아닌 바로 시선의 리듬감이다. 어떤 물건이 위치하게 되면 우리의 눈은 본능적으로 그 물건을 따라가게 된다. 리듬감에는 반복, 수열, 대조가 있다.

리듬감 중에서 반복은 가장 쉬운 방법의 배치이다. 똑같은 사이즈의 물건을 일정하게 배치하면 되는 것이다. 큰 액자 등을 구입하기 부담스럽다면 작은 엽서를 반복 리듬감으로 꾸며보자. 고가의 큰 그림만큼 존재감 있는 소품이 될 것이다.

같은 크기의 화분을 반복적으로 배치

같은 크기의 액자를 반복해서 배치

수열은 비슷한 형태의 물건을 점점 작게 배치하는 것인데 사실 SNS의 속 감각적인 집에서도 큰 액자 옆에 작은 액자를 배치한 것을 쉽게 볼 수 있다. 책을 배치할 때도 일반적으로 세우지만 말고 수열을 이용하면 굳이 소품을 구입하지 않고도 멋진 분위기를 만들 수 있다.

점점 작게 액자를 배치

책 일부를 눕혀서 수열을 만들기

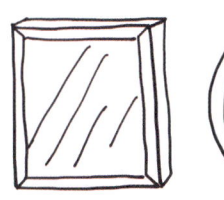  

전혀 다른 모양의
거울을 배치

크기는 같지만 다른 형태의
오브제로 대조 만들기

   대조도 소품을 많이 배치하지 않으면서 극대화된 효과를 누릴 수 있는 방법이다. 모양이 완전히 다른 두 개를 놓게 되면 변화가 시각적으로 감지되어 매력적으로 보여진다. 이쯤 되면 소품이 우리 집에서만 매력적으로 보이지 않는 이유가 소품 자체 때문이 아니라 배치 때문이었다는 사실을 인정하게 될 것이다.

시공 없이 조명을 연출할 수 있다면?

독리버들 중에는 공간을 꾸밀 때 천장에 있는 기본 조명 외에 추가 조명은 필요 없다고 말하는 독리버도 있다. 하지만 나는 컨설팅을 하면서 조명만큼은 반드시 하나 이상 추가하여 넣어줘야 한다고 강하게 어필하는 편이다. 조명이 단순히 공간을 밝게 하는 목적이라면 기본 조명으로도 충분하겠지만 조명은 같은 공간을 다른 느낌으로 바꿔주는 가장 빠른 방법이기 때문이다.

특히 독리버들은 넓지 않은 공간에서 독립생활을 시작하기 때문에 한 공간에 침실, 서재, 주방 등 다양한 역할이 섞여 있다. 침실 쪽에 집중하고 싶으면 천장의 기본 조명은 끄고 침실 쪽 스탠드만 켜서 집중하게 하는 방식으로, 집중하고 싶은 부분을 강조할 때 조명을 이용할 수 있다. 또 조명으로 집을 넓게 보이게 할 수도 있다. 모서리 부분에 조명을 놓게 되면 경계선이 흐려지면서 공간이 부드러워지고 넓어 보이는 효과도 나타난다. 그리고 무엇보다 조명은 누런 벽지의 낡은 방도 3초 안에 분위기가 가득한 방으로 바꿀 수 있는 유일한 방법이다.

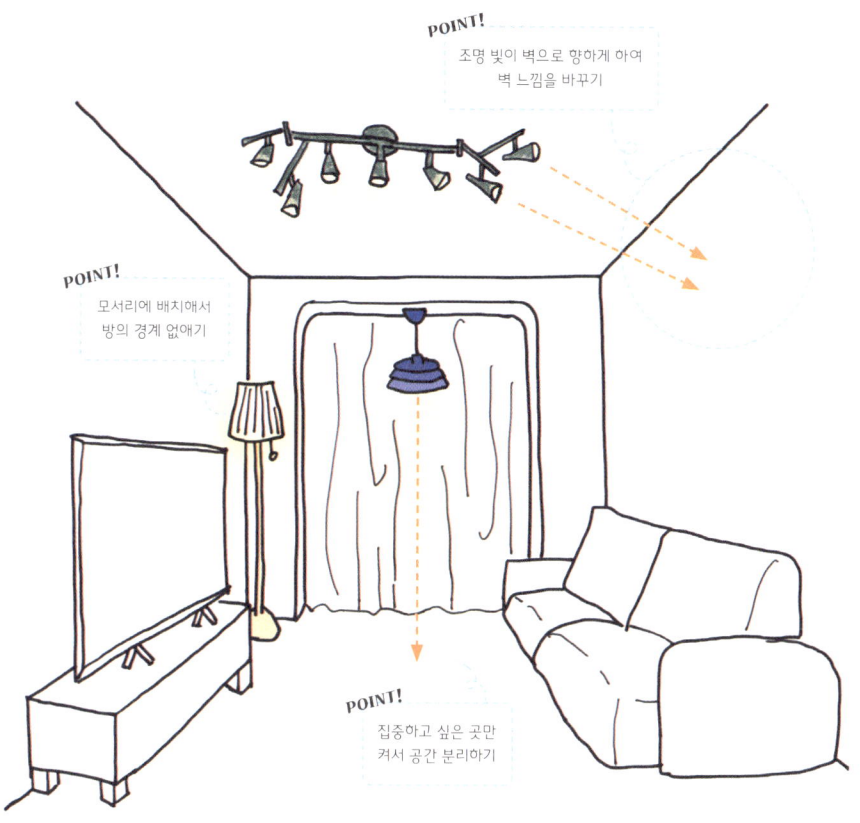

간단하게 테이블 스탠드나 플로어 스탠드를 배치하는 방법 외에 마치 시공한 듯한 효과를 볼 수 있는 조명 아이템도 몇 가지 있다.

시공 없이 펜던트 조명을 설치하고 싶을 때는 코드 줄 조명을 이용해 보자. 코드 줄 조명은 전구를 끼우는 소켓과 스위치가 달린 전선, 그리고 코드로 구성된 제품이다. '코드 소켓 조명'으로 검색하면 내 마음대로 구성을 선택해서 만들 수도 있고 완제품 형태로 판매하는 곳도 찾을 수 있다. 천장에 나사 고리나 전선 홀더를 고정한 다음 코드 줄 조명을 걸어주면 순식간에 팬턴드 조명을 만들 수 있다.(나사 고정이 어렵다면 부착형 고리를 사용해도 좋다) 테이블 옆 감성 가득한 펜던트 조명 하나면 홈카페 분위기를 집에 만들 수 있다.

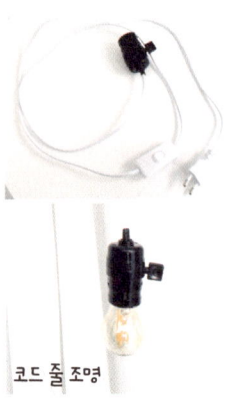
코드 줄 조명

코드 줄 조명으로 팬던트 등 연출하기

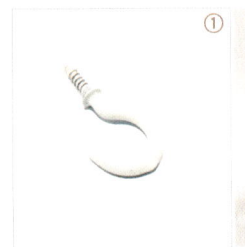
① 물음표 고리나사 2개를 준비하기

② 조명 위치에 하나 설치하고 천장 모서리 부분에 하나 더 설치하기

③ 코드 줄 조명 전선을 걸어주고 원하는 전등갓을 달아주기

• 시공 없이 분위기 있는 팬던트 조명 완성

LED바 조명은 간접 조명 연출에 제격이다. 싱크대 상부장 아래에 부착하면 보기 싫었던 모습도 아름답게 바뀌는 신기한 경험을 하게 될 것이다. 옷장 앞 천장에 붙여서 옷을 찾을 때 도움을 받고 침대 아래쪽에 붙여서 은은한 분위기를 한층 올릴 수도 있다. 못을 박을 필요 없이 양면테이프로 부착할 수 있으니 시공에도 부담이 없다. 간접 조명으로 공간 전체를 은은하게 밝혀주고 싶다면 커튼 박스에 붙여주면 가장 좋다. 커튼의 부드러운 라인과 조명이 합쳐져서 고급스럽게 공간을 만들어준다.

· LED바 조명은 전원부, 스위치, LED바, 마감캡이 기본적으로 필요하고 상황에 따라 연결 커넥터나 리모콘 수신기를 준비하기

· 싱크대 상부장이나 화장실 수납장 아래, 커튼 박스 등에 설치해서 분위기와 편리함을 동시에 만족시키기

패브릭을 빼고
집 꾸미기를 논하지 말라

　우리가 날씨와 계절, 기분에 따라 옷을 골라서 입듯 집도 상황에 따라 옷을 갈아입어야 한다. 바로 침구와 커튼, 러그를 선택하는 것이 집에 옷을 입히는 과정이라고 볼 수 있는데 그만큼 이를 결정하는 것은 집 꾸미기의 핵심이라고 할 수 있다.

　기본적으로 침구와 커튼, 러그는 면적이 넓기 때문에 가구와 비슷한 톤으로 결정하면 집 전체의 컬러에서 베이스 컬러를 담당할 수도 있고 가구와는 다른 컬러로 선정하되 침구, 커튼, 러그를 같은 컬러로 정하면 메인 컬러를 담당할 수도 있다. 또는 집 전체 분위기와 완전히 다른 분위기로 침구, 커튼, 러그 중 하나만 선택하여 배치하면 포인트 컬러로 활용도 가능하다.

　집 꾸미기 초보자라면 커튼과 러그는 베이스 컬러 (베이지, 그레이 등)의 컬러로 선택하고 침구는 포인트가 되는 컬러를 선택하면 손쉽게 집 분위기를 잡을 수 있다.

(1) 침구 스타일링 tip

　침구를 스타일링 할 때는 베개를 3개 이상 배치해야 포근함을 연출할 수 있다. 침대 헤드가 없는 디자인의 침대라면 베개는 무조건 4개 이상 필요하다. 이렇게 하면 2개는 이불 컬러와 동일하게 정한 상태에서 나머지 2개의 베개 커버만 바꿔가면서 침구 분위기를 바꿀 수 있다.

침구 종류 알아보기

소재

어떤 사람은 사계절 같은 두께의 침구를 사용해도 상관없는 반면 계절마다 두께감이 다른 침구가 필요한 사람도 있다. 침구 소재에 대해 잘 이해한다면 내게 맞는 침구를 쉽게 선택할 수 있다.

인견(레이온)

몸에 닿았을 때 차가운 느낌이 들고 몸에 달라붙지 않는 소재다. 찰랑거리는 모습이 피부에 닿았을 때 부드러울 것으로 생각되지만 생각보다 가슬거리는 느낌이 있다. 여름 침구로 주로 사용한다.

리넨

100% 리넨과 면과 리넨의 혼용 소재는 느낌도 다르고 이에 따라 가격도 상당하다. 고가의 리투아니아산 리넨의 경우에는 리넨 특유의 거친 느낌도 없고 사용할수록 부드러워진다. 땀 흡수 및 통기성이 좋아서 여름부터 간절기까지 두루 사용할 수 있으며 리넨은 천연섬유이기 때문에 내추럴한 무드에 상당히 잘 어울린다. 부드럽고 자연 친화적인 느낌으로 공간을 꾸미고 싶다면 리넨을 선택하면 잘 어울린다.

침구 종류 알아보기

면

가장 많이 사용하는 소재로 100수가 가장 부드럽고 숫자가 낮아질수록 거칠다. 다양한 디자인과 패턴이 있는 편이고 다양한 인테리어 스타일링에도 적절하게 조화를 잘 이루는 소재이다. 사계절용으로도 손색없는 소재가 바로 면 침구다.

모달

모달은 마치 실크인지 착각이 들 정도로 부드럽고 살짝 광택이 나는 침구 소재이다. 특유의 부드러운 촉감 때문에 선호하는 사람은 꾸준히 찾는다. 세탁에도 강하기 때문에 관리하기도 쉬운 편. 약간의 광택이 있는 편이라서 모던한 느낌에도 잘 맞는 소재이다.

극세사

겨울 의류에서도 종종 사용하는 소재로 부드럽고 따뜻하다. 아무래도 열을 품고 있기 때문에 따뜻하지만 정전기와 먼지 발생이라는 단점도 있다.

침구 종류 알아보기

형태

차렵 이불

겉감과 솜을 함께 박음질해서 분리가 불가한 이불이다. 보통 사계절 내내 같은 두께의 이불을 사용하는 사람이라면 차렵 이불을 선택하게 된다. 스타일링 측면에서는 커버만 색상, 무늬 교체 등이 불가하므로 처음부터 베이직한 디자인으로 선택하면 사계절 내내 잘 어울리는 느낌으로 연출할 수 있다.

커버 형 이불

안에 솜이나 구스 같은 이불솜을 넣어서 사용하는 형태로 어떤 것을 넣는지에 따라 두께감 조절이 가능하다. 기분이나 집의 무드가 변할 때 커버만 교체하면 완전히 다른 침구가 되기 때문에 다양한 스타일링이 된다.

사계절 사용할 수 있는 이불솜은 마이크로 화이바를 추천한다. 보온성도 좋고 가격도 합리적이기 때문. 겨울에도 공간이 따뜻하다면 8온스를 선택하면 되고 다소 춥다면 10온스나 12온스를 선택하여 늦가을부터 겨울까지 포근하게 사용해보자.

구스는 깃털과 솜털의 함량, 질 차이에 따라 가격이 천차만별이다. 극강의 포근함과 가벼움이 공존하기 때문에 침구에 투자하고 싶은 사람이라면 주저 말고 구스를 선택하길 바란다.

침구 종류 알아보기

홑이불

천 한 겹으로 된 아주 얇은 이불이다. 침구로 사용하기도 하지만 여름에 소파 위에서 에어컨 바람 등을 피할 때 사용하기도 좋다.

누비 이불

솜을 아주 얇게 누벼서 만든 이불인데 덮을 때도 사용할 수 있고 바닥이나 매트리스 위에 깔 때도 사용할 수 있다.

(2) 커튼 스타일링 tip

벽의 느낌만큼이나 중요한 것이 커튼이다. 커튼으로는 쉽게 집 분위기를 바꿀 수 있고 커튼은 채광 조절, 사생활 보호처럼 기능도 뛰어나기에 꽤 신중함을 요하는 쇼핑리스트 중 하나이다. 커튼을 설치할 때는 창문만 가리는 짧은 길이의 커튼은 되도록이면 피하고 천장에서부터 바닥까지 내려오는 커튼으로 연출해야 방이 높아 보여서 시원한 느낌을 만들 수 있다. 조금 더 욕심을 낸다면 창문이 포함된 벽면을 완전히 덮는 사이즈로 설치하면 더 좋다. 이렇게 하면 창문 크기가 아주 크다고 착각하기 때문에 집이 한층 더 넓게 느껴진다.

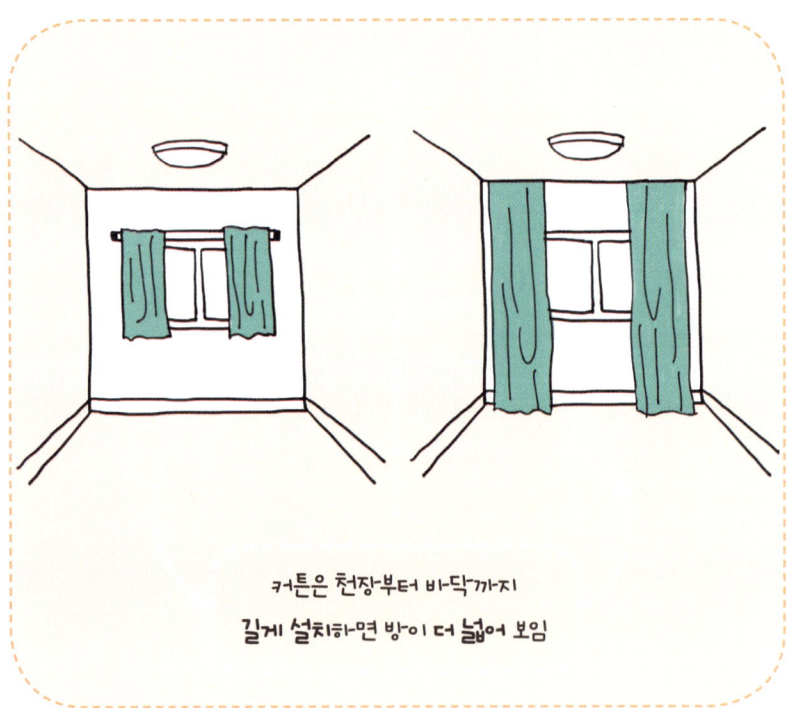

커튼 용어 알아보기

커튼봉
봉집형 커튼, 아일렛형 커튼, 또는 커튼링을 이용해서 커튼을 설치할 때 필요한 봉으로 두께를 잘 확인하고 구입해야 한다. 안쪽에 커튼레일을 설치한 후 그 앞쪽으로 봉을 설치하면 커튼봉 하나만 설치했을 때보다 커튼 활동도가 높아진다.

커튼레일
핀형 커튼을 설치할 때 필요한 것이 커튼레일이며 길이가 조절되는 레일도 판매하고 있다. 커튼레일의 경우 공간이 허락한다면 이중으로 설치하는 것을 추천한다. 이렇게 하면 커튼으로 다양한 연출이 가능해진다.

브라켓(브래킷)
커튼봉이나 커튼레일을 천장에 고정할 때 필요한 부속품이다.

커튼핀
커튼에 고정해서 커튼과 레일을 연결해주는 것이다. 한쪽이 뾰족하기 때문에 커튼핀을 고정할 때 항상 조심하도록 한다.

후사고리
벽의 끝부분에 설치해서 커튼을 고정하는 용도로 사용하는 고리인데 필수요소는 아니기 때문에 필요에 따라 설치하면 된다. 장식끈, 커튼끈, 타이백 등으로도 검색할 수 있다.

커튼 주름 알아보기

나비주름커튼

일정한 간격을 두고 주름을 잡아서 만든 커튼으로 커튼을 완전히 폈을 때도 주름이 아름답게 잡혀서 집 전체를 우아하고 고급스럽게 만들어준다. 단, 원단이 많이 들어가기 때문에 가격이 다소 높은 편이다.

평커튼

평커튼은 주름이 없는 커튼이다. 가로 길이를 넉넉하게 주문하지 않으면 커튼을 폈을 때 커튼이 평평하게 펴진다. 공간에 풍성함을 주고 싶다면 평커튼도 창의 가로 길이보다 1.5배 길게 주문하면 자연스럽게 주름을 잡을 수 있다.

아일릿(아일렛)커튼

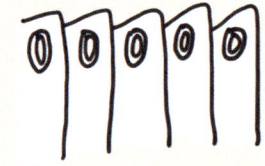

아일릿 커튼은 커튼 상단에 커튼봉이 들어가는 구멍이 이미 만들어져 나오는 커튼으로 커튼봉에 설치했을 때 여닫기가 편한 편이며 구멍 간격이 일정하므로 주름을 잡기도 편하다. 대신 아일릿 구멍으로 봉이 노출이 되어 말끔한 느낌은 다소 떨어질 수 있다.

커튼 종류 알아보기

속커튼

속커튼은 채광은 확보하면서 바깥이 언뜻 보이는 정도의 커튼을 말한다. 속커튼도 소재에 따라 비침 정도가 달라서 이를 잘 확인하고 구입해야 한다. 보통은 화이트 색상을 선택하는데 경우에 따라 베이지톤이나 그레이톤을 이용하기도 한다.

겉커튼

속커튼 앞에 설치해서 암막, 방한의 기능을 하는 커튼으로 커튼을 달았을 때 바깥이 보이지 않는다. 같은 겉커튼이라도 다양한 소재와 두께의 제품들이 있다.

가리개 커튼

보통 주름을 잡지 않고 사용하며 문틀, 복도 등에 설치하여 공간을 살짝 가리는 역할을 한다. 사용 용도에 따라 길이 짧은 것부터 긴 것까지 다양한 길이로 되어있으며 보통 봉집 형태로 제작되어 커튼봉이나 압축봉에 설치할 수 있게 나온다.

(3) 러그 스타일링 tip

러그는 마음에 들지 않는 바닥재를 가려주기 때문에 집의 베이스를 맞춰주는 데 큰 역할을 한다. 게다가 소재에 따라 겨울에는 따뜻하게, 여름에는 시원하게 해주니 선택하지 않을 이유가 없다. 특히 스타일링 측면에서 러그는 외곽선을 정리하는 역할을 한다.

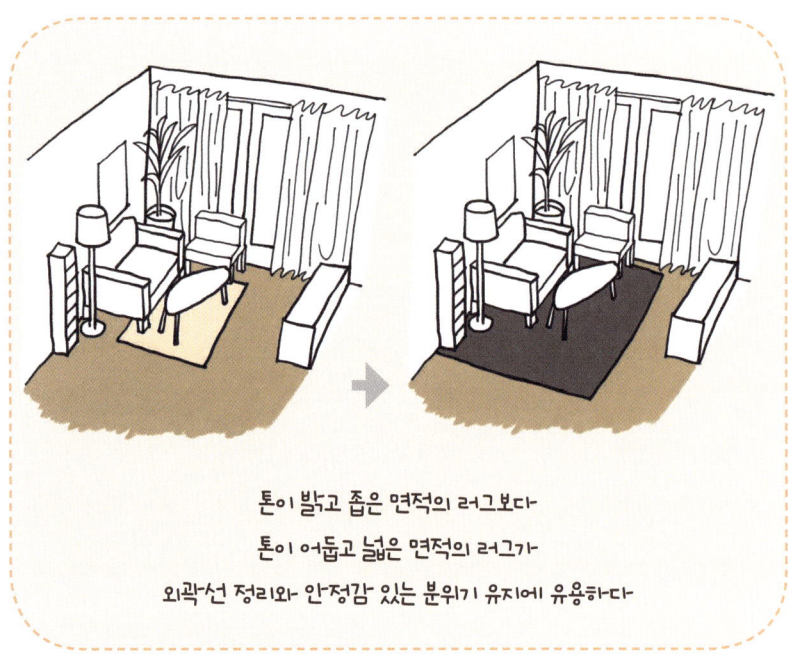

톤이 밝고 좁은 면적의 러그보다
톤이 어둡고 넓은 면적의 러그가
외곽선 정리와 안정감 있는 분위기 유지에 유용하다

가구로 인해 복잡해진 바닥의 외곽선을 러그로 정리해주면 공간이 더 단정하게 보인다. 이런 측면에서 대체로 러그는 큰 사이즈가 더 공간을 단정하게 하고 바닥재보다 한 톤 낮은 컬러를 선택해주면 안정된 느낌을 준다.

러그의 종류

단모 러그
사계절용으로 사용할 수 있는 두께감의 러그다. 모의 길이가 짧아서 청소가 용이하다.

장모 러그
모의 길이가 길어서 포근함을 극대화할 수 있는 러그다. 단모 러그에 비해 관리가 까다로운 편이다.

평직 러그
모가 있는 것이 아니라 실의 짜임, 즉, 직조감이 느껴지는 러그다.

사이잘룩 러그
소재가 폴리프로필렌으로 내구성이 강한 소재로 만들어졌다. 털 날림이 없다는 것이 장점이다.

구경하기: 아늑함으로 채운 공간

Before

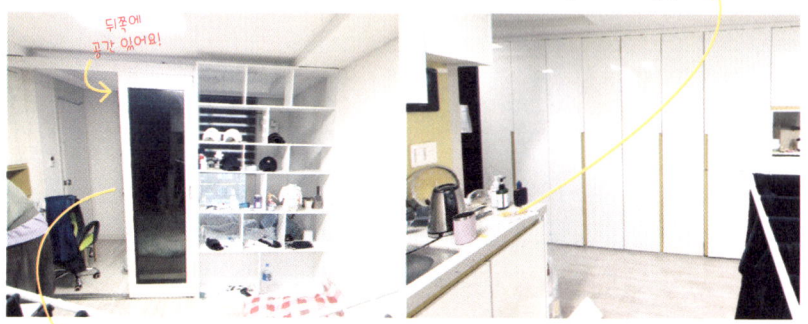

뒤쪽에 공간 있어요!

주방과 거실의 경계가 없는 구조

침실이 반 오픈되어 있고 보일러실이 분위기를 방해함

Plan

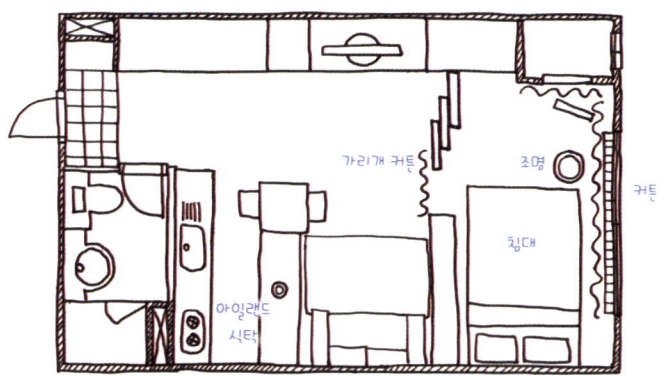

가리개 커튼, 조명, 커튼, 침대, 아일랜드 식탁

- 주방과 거실의 구분을 위해서 아일랜드 식탁을 배치
- 아늑한 침실을 만들기 위해 두 가지 커튼을 사용
- 거실은 따뜻한 색감의 가구와 소품을 이용해서 아늑하게 연출

아일랜드 식탁으로 거실과 주방을 구분해서 단정하게

주방용품은 타공판을 이용해서
사용하기도 편리하고
디스플레이 효과도 올리기

싱크대 상부장 문을 작은 사이즈로 교체해서 마치 오픈 선반과 같은 느낌을 내기

거실과 안방 사이에 은은한 스탠드를 배치하고
오픈 책장 사이로 스탠드 빛을 함께 사용하면서
분위기를 부드럽게 만들기

은은한 아이보리톤에 옐로우를 포인트 컬러로 하여 아늑한 느낌을 극대화하도록 스타일링

컬러와 소재의 공통된 느낌을
유지해서 전체가 다 보여도
어색하지 않도록 연출하기

창 커튼부터 보일러실 문까지 같은 디자인의 커튼을 설치해서
자연스럽게 문을 가리고 아치형 거울로 좁은 공간을 넓게 보이게 하면서
조명 빛이 거울에 반사되어 은은하게 번지도록

관리하기

집은 가꾸는 것이기에

집이 특별한 이유는 아마도 작가 웬디 운더(Wendy Wunder)의 말처럼 집은 떠날 때 기분이 좋고 돌아오면 더 기분이 좋기 때문인 것 같다. 그런데 집이 주는 이 마법 같은 특별함이 통하지 않을 때가 있다. 바로 집이 깔끔하게 정리되어 있지 않을 때다. 집이 깨끗하지 않으면 집을 나서는 기분은 가벼울지언정 돌아오는 발걸음은 무거울 수밖에 없다. 처음 독립을 해서 내 집을 꾸민다고 생각했을 때를 다시 떠올려보자. 다음 중 어떤 생각, 다짐을 했는가?

첫 번째 생각
예쁜 집을 꾸며야지,
내 마음대로
내 취향대로 할 거야.

두 번째 생각
환하고
누가 봐도 깔끔하면서
깨끗한 집으로
만들어야지.

아마 두 번째 생각처럼 깔끔하고 깨끗한 집에 대한 생각은 미리 해본 적이 없을 것이다. 우리는 이미 준비하기와 시작하기, 실천하기를 지나 내가 원하는 무드를 담은 집을 완성했다. 결코 쉽지 않은 과정을 통해 완성한 이 공간을 잘 유지하려면 이제 깔끔한 집에 포커스를 맞춰야 할 차례이다.

집이 깔끔하지 않다면 그 상황을 단순하게 해석해서는 안 된다. 정리가 잘되지 않아 집이 번잡한 것은 물건이 너무 많거나, 생활 동선이 적절하지 않거나, 마음이 피로함을 의미하기 때문이다.

독립 생활을 하면서 "사람이 집에서 생활하는데 이렇게 많은 물건이 필요했나?" 새삼 놀라는 사람이 꽤 많을 것이다. 어떨 때는 물건들이 자가 증식하는 것 같은 착각이 들 수도 있다.(돈이 자가 증식한다면 그것만은 대환영이다) 처음 독립 생활을 시작하면 주변의 친구들에게 두루마리 휴지, 각티슈, 물티슈, 쌀이며, 참치통조림까지 대량으로 받게 되는데 이렇게 되면 기껏 꾸며 놓은 내 예쁜 공간이 물건들로 순식간에 점령당한다.

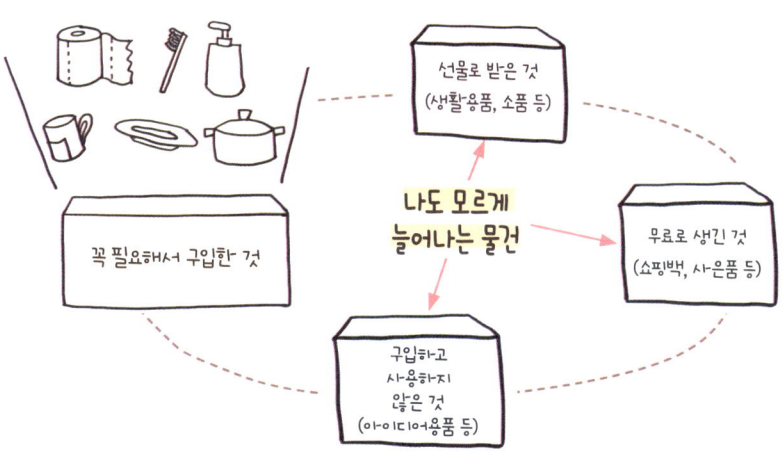

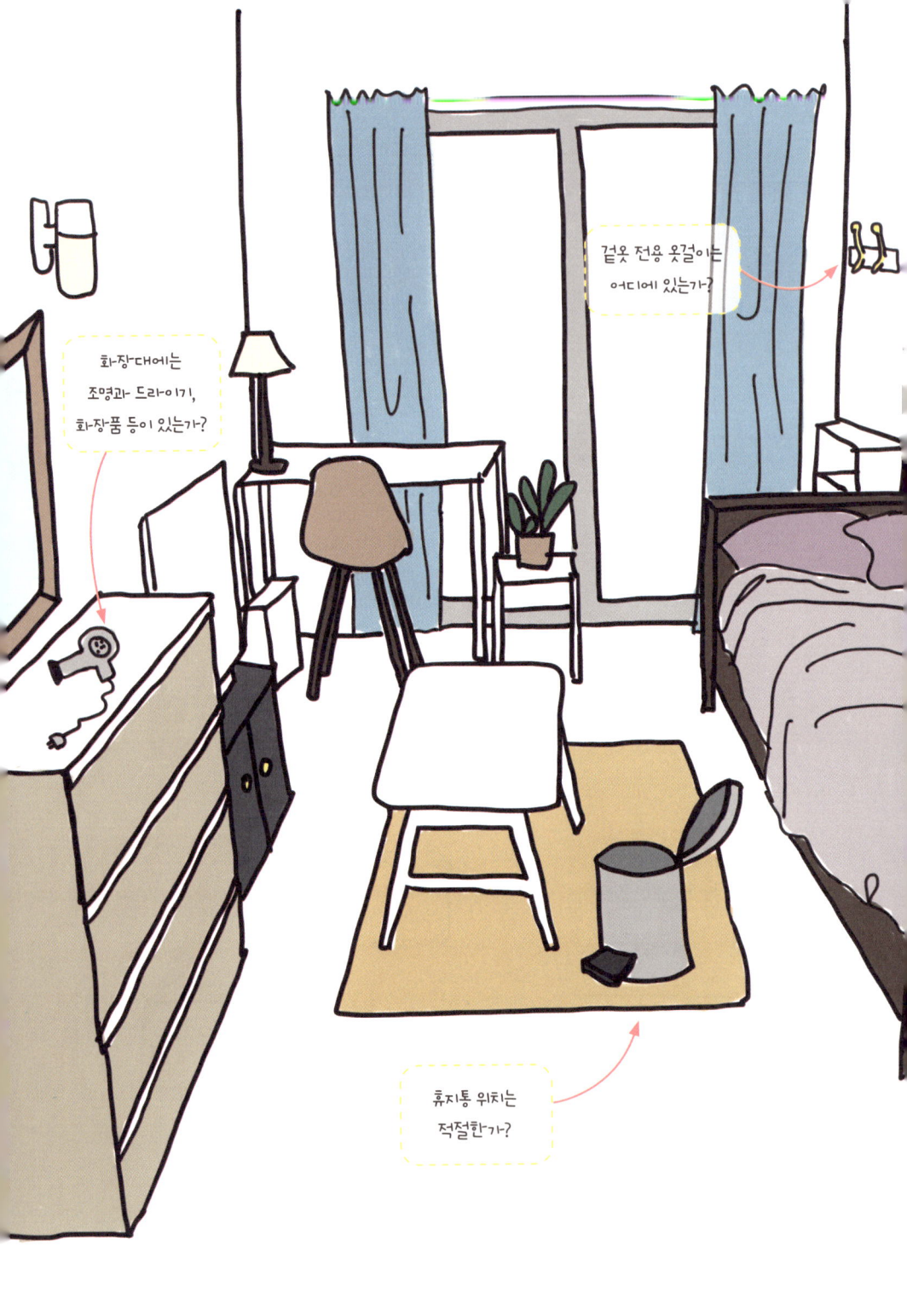

물건이 많지 않은데도 집이 정신없는 경우도 물론 있다. 이때는 나의 생활 동선과 배치한 물건이 잘 매칭되어 있는지를 확인해야 한다.

생활 동선에 따른 물건 위치 체크리스트	YES	NO
1 거울 가까이에 드라이어 등 헤어용품이 있는가?		
2 화장품과 조명, 거울이 함께 위치해 있는가?		
3 현관 앞에 겉옷을 걸 수 있는 곳이 있는가?		
4 여분의 수건과 화장지는 화장실 가까이에 있는가?		
5 전자 기기 충전기는 손이 잘 닿는 곳에 있는가?		
6 식재료는 주방과 가까운 곳에 있는가?		
7 책장은 테이블과 붙어 있는가?		
8 청소용품이 동선을 방해하지는 않는가?		
9 조리도구가 수저, 커트러리 등과 분리가 되어 있는가?		
10 가전제품이 주방 영역에 위치해 있는가?		

간단하게 10개의 항목만 점검해 봐도 내 동선에 맞게 물건이 위치해 있는지 생각해 볼 수 있을 것이다. 매칭이 잘 안 된 부분이 많을수록 집은 더 복잡해질 수밖에 없다.

딱히 물건이 많지도 않고 동선도 적당하다면 다음으로 생각해 봐야 할 것은 당신의 피로도이다. 우리가 식물을 키울 때는 식물을 꾸민다고 하지 않고, 식물을 가꾼다고 한다. 가꾼다는 것은 에너지를 대상에서 불어넣어 주는 것인데 집도 꾸미는 것이 어느 정도 마무리되면 그다음은 가꾸는 단계가 되기 때문에 내 자신이 에너지가 없다면 집을 깔끔하게 유지할 수 없다. 이럴 때는 최대한 정리가 쉽도록 구성해서 내가 사용하는 에너지를 최소한으로 만들어야 한다.

정리정돈이 힘들다면
이것만 기억하자

악순환의 고리를 끊어내자

온갖 물건이 밖에 나와 있으면 수납할 공간이 너무 부족하다고 생각하고 그다음 자연스럽게 수납할 제품들을 구입한다. 고가의 가구는 부담스러우니 플라스틱으로 된 상자나, 작은 선반, 틈새 수납장 등을 검색하여 구입하고 그래도 모자라다 느끼면 문 위에 걸어서 수납하는 각종 고리용품들까지 집에 들이게 된다. 틈새 공간을 채워서 물건을 수납했다며 자기 자신을 쓰담쓰담 할지도 모르겠지만 사실, 물건을 수납하기 위한 물건이 추가적으로 생긴 것이고 결국 물건 전체를 봤을 때 물건의 양이 더 많아지는 아이러니한 상황이 생기는 것이다.

수납공간을 물건의 양에 맞추는 것보다는 **물건의 양을 수납공간에 맞추는 것**이 더 적합하다. 옷이 20벌이 들어가야 사용하기 편리한 옷장이라면 옷이 이보다 많아졌을 때는 나머지를 처분해야 하는 것이다. 이런 기준으로 물건의 양을 조절하다 보면 악순환의 고리는 끊어지고 선순환으로 돌아설 것이다.

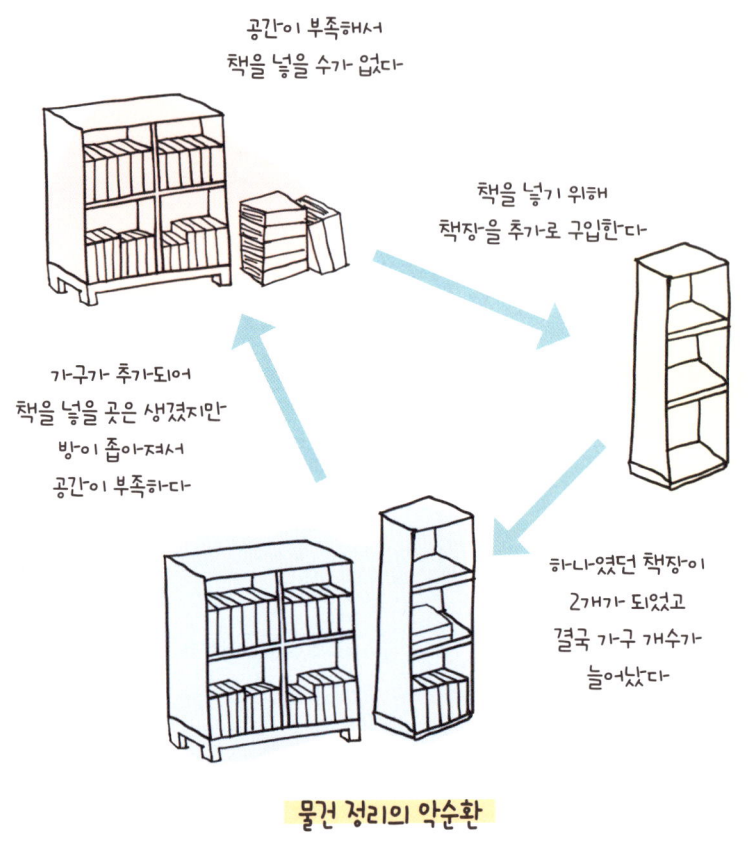

물건 정리의 악순환

 만약 물건이 자꾸만 자가 증식하는 것처럼 느껴진다면 한가지 원칙만 정하면 된다. 버리는 것은 신속하게, 구입은 최대한 신중하게 하는 것이다. 누가 뭐라고 해도 일단 물건의 수가 너무 많으면 무엇인가 시도하기가 힘들다. 집에 있는 물건을 추가하는 것에는 보수적으로 행동하고 그 양은 수납공간에 맞추면 더 이상 물건 스스로 늘어나는 듯한 착각은 들지 않는다.

8:2의 법칙

조금 더 나아가 이번에는 수납공간을 더 넉넉하게 사용할 수 있는 8:2 법칙을 소개한다. 8:2 법칙은 수납공간의 80%만 채우고 20%는 비운다는 법칙이다. 안 그래도 부족하다고 느끼는 수납공간인데 20%는 사용하지 말라니 너무하다고 생각할지 모르겠다. 다음 중 80%만 채운 바구니는 어떤 것일까?

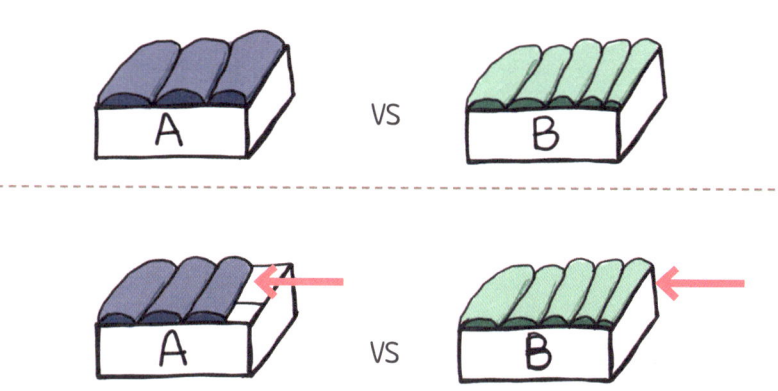

A 바구니는 물건을 한쪽으로 밀었을 때 여유 공간이 생기지만
B 바구니는 여유 공간이 없어서 밀어도 여유 공간이 생기지 않음

바구니 B의 경우 여유 공간이 없지만 바구니 A의 경우 수건을 한쪽으로 몰았을 경우 여유 공간이 생기는 것을 알 수 있다. 즉, 80%만 채우는 것은 물건을 넣고 빼기 쉬울 정도의 여유를 주는 것이다.

8:2 법칙을 지키면 <mark>공간의 회복 탄력성</mark>이 올라간다. 공간의 회복 탄력성은 어질러진 상태에서 다시 깔끔한 상태로 돌아가는 힘이다. 대청소의 날, 하루 종일 먼지를 뒤집어쓰고, 오래된 물건과 사진으로 시간 여행도 해가

면서 정리를 해 놓고 난 뒤 3일 만에 원상태로 돌아간 경험이 있지 않은가? 이런 상황이 생기는 이유는 공간에 회복 탄력성이 없기 때문이며 회복 탄력성이 없으면 깔끔한 상태가 유지되지 않는다.

8:2 법칙으로 물건 위치 파악을 쉽게 해서 시간도 절약하고 동일한 물건을 구입하는 일도 방지하며, 정돈하는데 들이는 시간과 에너지를 아껴보자

애매한 것은 중립지대로, 예상치 못한 것은 대피소로

정리는 몸보다 머리를 많이 사용하게 되는 작업이다. 필요한 것과 필요하지 않은 것을 구분하고, 내가 편안한 위치에 물건을 배치하는 것들은 결정의 연속이다. 하지만 여기서도 어려움은 존재하는데 바로 처분하기도, 가지고 있기도 애매한 물건들이 있다는 점이다. 이럴 때는 중립지대로 물건을 임시 보관해보자. 집 한쪽에 커다란 박스를 두고 중립지대라고 이름을 붙인다. 애매한 물건은 이곳에 보관하다가 일정 기한을 두고 그사이까지 사용하지 않는다면 처분하는 것이다.

예기치 못한 상황에 생기는 물건을 보관할 장소도 미리 마련한다. 선반이나 수납장 중 일부분을 비워서 조금 넉넉한 사이즈의 공간을 확보한다. 이렇게 물건 대피소를 만들면 언젠가 필요는 하지만 당장 사용하지 않는 물건을 보관하기가 좋다.

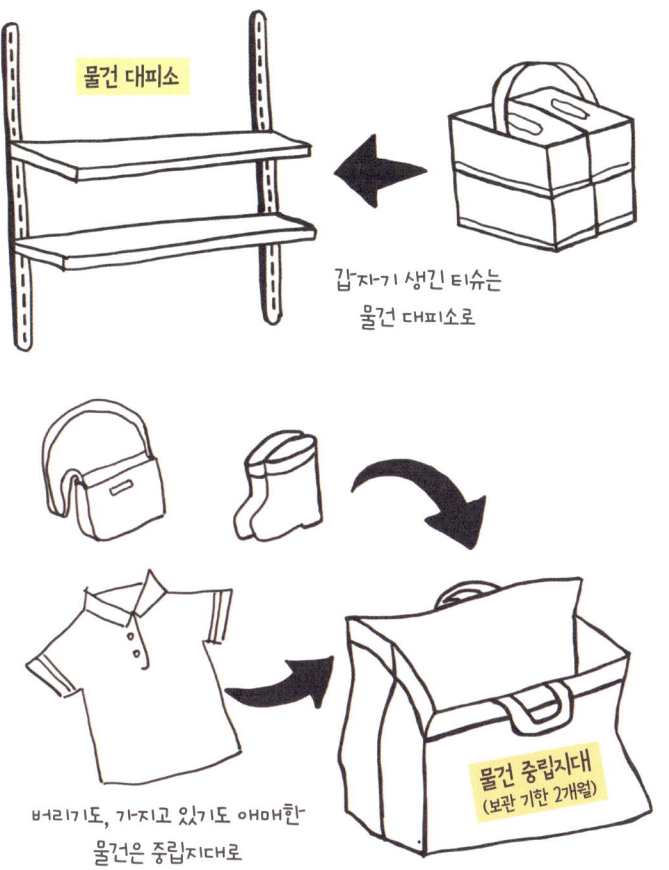

가구 용도를 한정 짓지 말자

    독리버들의 집은 무엇보다 창고 같은 공간이 부족하고 그렇기 때문에 '가리기 신공' '감추기 스킬'을 적용하기가 어렵다. 이럴 때는 가구의 용도를 다르게 생각해서 해결할 수 있다.

한번은 방에 자잘한 가구들은 많지만 부피감이나 기능성은 없는 가구들 탓에 레이아웃을 전반적으로 정돈해야 하는 의뢰인이 있었다. 가장 먼저 진행한 것은 가장 큰 예산을 투자하여 옷장을 기존 크기보다 2.5배 큰 것으로 교체한 것이다. 이렇게 하면서 옷은 물론이고 그 외의 수납이 필요한 제품들을 옷장에 보관했다. 하나의 옷장에다가 창고의 역할을 더한 것이다. 침대도 수납형으로 선택했더니 같은 방이 아닌 것처럼 너무 차분하고 정갈한 방이 되었다. 여기에 포인트로 주인공 자리에 커다란 포스터를 붙여서 시선이 제대로 가도록 했다. 이렇게 공간 컨설팅을 진행한 후 의뢰인은 매일 행복한 공간에 지내고 있다면서 나에게 일상에 행복을 주는 사람이라는 애칭을 붙여주었고 나 또한 따뜻함이 충만해졌다. 어떤 시공도 하지 않고 오직 가구 교체와 용도를 달리 사용한 아이디어만으로 이룬 공간과 삶의 변화였다.

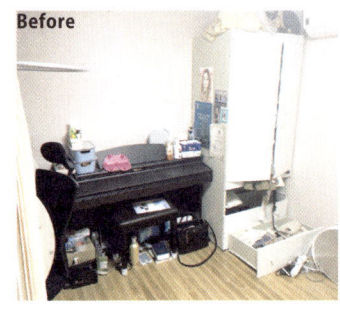

Before

After

옷장뿐 아니라 책장에 옷을 수납하거나 신발을 넣어도 괜찮다. 접시나 그릇이 적다면 싱크대 상부장에 수건 등을 보관해도 된다. 조금만 생각을 다시 하면 숨어있던 수납공간을 발견할 수 있다.

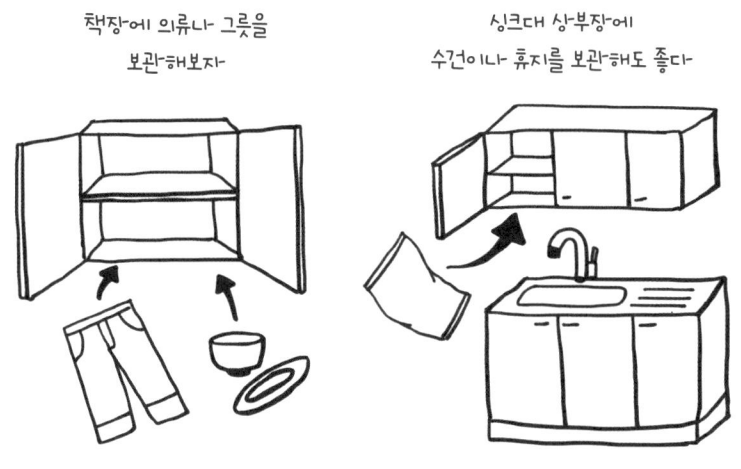

가전제품도 수납이 된다?

집에 머무는 시간이 길어지면서 집에서 할 것은 많아지고 이와 비례해서 필요한 가전제품도 많아졌다. 1인 가구가 많아지다 보니 가전제품도 기능은 살리면서 콤펙트한 형태로 많이 출시되고 있는데 제습기, 미니 건조기, 에어프라이어, 전자레인지, 토스터기, 청소기, 가습기, 선풍기 등 많은 가전을 필요에 의해 구입하다 보면 결국 예쁜 집도, 깔끔한 집도 유지하기가 어려워진다. 이럴 때는 가전제품도 수납하여 문제를 해결할 수 있다. 가전제품 수납을 위한 제품을 따로 구입하기 보다는 책장의 한 칸, 선반의 한 칸을 할애해서 수납해보자. 가구 위에 나열했을 때보다 더 깔끔해지고 관리까지 쉬워지는 경험을 하게 될 것이다.

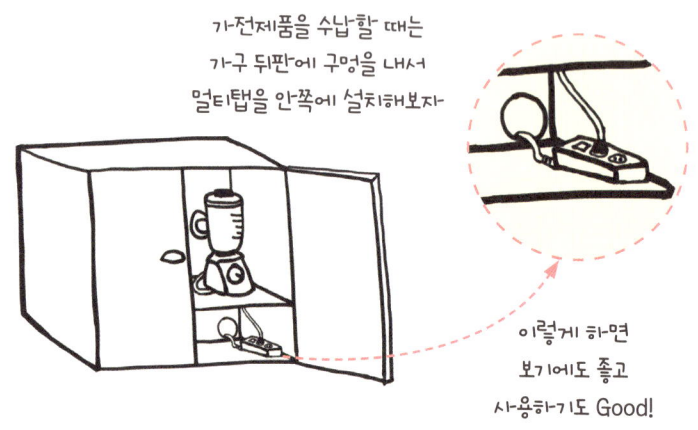

 전자제품을 수납장 안쪽에 넣게 되면 사용하기 불편하리라 생각할 수도 있는데 수납장 안에서 꺼내지 않고 사용하려면 멀티탭을 수납장 안쪽으로 설치하면 된다. 이렇게 하면 사용할 때마다 가전제품을 꺼낼 필요가 없어서 오히려 더 쉽게 사용할 수 있다. 뒤판이 있는 수납장은 대부분 뒤판이 얇아서 칼로 간단하게 멀티탭이 들어갈 구멍을 만들 수 있다. 여기를 통해 콘센트와 연결한 멀티탭을 수납장 안에 넣고 각종 전자 기기의 전원을 미리 꽂아 놓은 상태로 사용해보자. 빌트인 가전만큼은 아니지만 편리함과 깔끔함을 한 단계 올릴 수 있다.

눈치 보지 않고 커튼 설치하기

　일반적으로 커튼 박스라고 하여 창가 쪽에 움푹 들어가 있는 천장 쪽에 나사를 이용하여 커튼이나 블라인드를 설치하는 것은 원상복구의 의무가 없다고 한다. 하지만 조금이라도 마음이 불편한 것은 좋지 않으니 일단 집주인에게 확인하여 커튼이나 블라인드 설치가 가능한지 물어보도록 하자.

　만약 상황이 허락하지 않는다고 하더라도 우리는 충분히 커튼과 블라인드를 달 수 있다. 흔히 '안뚫어고리' 라는 이름으로 판매되고 있는 이 브라켓을 창틀에 끼워서 커튼레일, 커튼봉, 블라인드를 고정하면 신박하게 커튼이나 블라인드를 설치할 수 있다.

창틀에 미세하게 있는 틈을 이용해서 이 사이에 브라켓을 고정하는 방법이며 ㄹ자 형태와 ㄱ자 형태 등이 있다

- ㄹ자 형태는 커튼봉을 바로 올릴 수 있고 다른 형태라면 브라켓에 표시한 부분에 커튼레일, 커튼봉 브라켓을 달아서 고정할 수 있다

간혹 창문과 창틀 사이의 미세한 틈이 아예 없는 경우도 종종 있는데 이럴 때는 부착형 브라켓을 이용하여 설치하고 추후 접착제 제거 스프레이를 이용해서 원상복구를 하면 된다.

걱정 없이 벽에 장식하기

못을 박기 어려운 벽에는 아크릴 재질로 된 양면테이프를 이용해서 벽 장식을 할 수 있다. 투명하게 생긴 이 테이프는 아주 무거운 것을 설치할 수는 없지만 포스터나 가벼운 액자는 설치할 수 있고 무엇보다 좋은 점은 제거할 때 벽이 손상될 일이 거의 없다는 점이다.

아크릴 테이프

① 원하는 위치에 아크릴 테이프를 잘라서 붙이기

② 투명한 형태의 이형지를 제거하기

③ 액자를 올리고 꾹꾹 눌러주고 잠시 손으로 고정해주기

④ 액자 끝에 아크릴 테이프를 이용했고 깔끔하게 붙음

⑤ 액자를 떼어낼 때는 살짝 비틀어서 떼어내기

⑥ 아크릴 테이프를 잡고 잡아당겨주면서 제거하기

이와 더불어 못 대신에 독리버들이 차선으로 선택하는 것이 꼭꼬핀이다. 꼭꼬핀은 벽지에 꽂아서 사용하는 핀인데 초창기에는 헤드 부분이 플라스틱으로 된 것만 출시되다가 최근에는 원목 소재 제품도 출시되면서 디자인 오브제로 활용되기도 한다. 고리 부분 모양은 크게 U자형, 1자형으로 선택할 수 있고 제품에 따라 다르지만 보통 꼭꼬핀 하나에 2.5㎏을 견딜 수 있다.

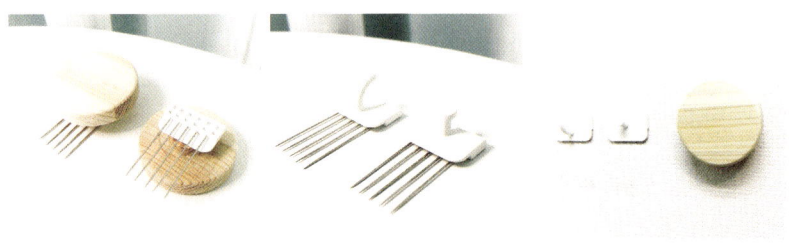

꼭꼬핀 자국 처리하기

꼭꼬핀은 못 자국에 비하면 자국이 크게 남지는 않지만 설치한 상태로 오래 놔두면 벽지가 늘어나거나 꼭꼬핀 구멍이 커져서 다소 티가 나는 상황이 발생하기도 한다. 이때 벽지를 말끔하게 되돌릴 수 있는 방법 3개를 소개한다.

(1) 목공풀 이용하기

① 꼭꼬핀 자국 위쪽을 ㄱ 모양으로 살짝 그어내기
② 잘라낸 벽지 사이에 목공풀을 짜서 넣어주기
③ 아래에서 위로 카드를 이용해 목공풀을 밀어내듯 살살 문지르기
④ 주변에 남은 목공풀은 물티슈로 조심스럽게 닦아내기

(2) 다리미 이용하기

①
- 꼭꼬핀 자국 위에 분무기로 물을 뿌리기. 많이 뿌리면 벽지가 손상되니 조금씩 뿌리는 것이 포인트

②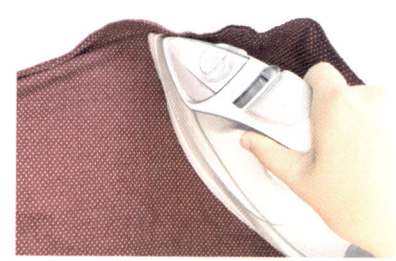
- 물을 뿌린 자국 위에 반드시 천을 올리고 약한 온도로 설정된 다리미를 이용하여 살살 문지르기

(3) 드라이기 이용하기

①
- 꼭꼬핀 자국 위에 분무기로 물을 뿌리기

②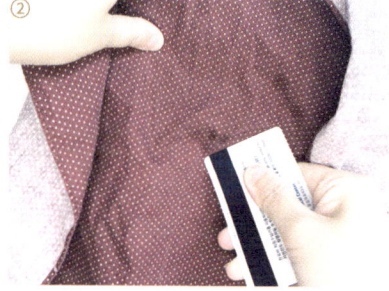
- 천을 올리고 아래에서 위로 살살 밀어주기

③
- 카드로 밀어주면서 중간중간 드라이기를 이용하여 물에 젖은 벽지를 말려주기
  (너무 세게 밀면 벽지가 찢어지니 주의하기)

못 자국 처리하기

못 자국은 대표적으로 우리가 감추고 싶은 자국 중 하나다. 꼭 내가 만든 못 자국이 아닐지라도 전에 살던 사람이 만들어 놓은 자국이나 내 가구에 생긴 자국을 감추고 싶을 때가 있는데 이때는 크랙필러나 우드필러를 이용하면 된다. 전문 공구 매장이나 사이트에서 구입하면 작은 용량을 구입하기 상대적으로 어려울 수 있기 때문에 마트나 종합 쇼핑몰 같은 오프라인 매장에서 구입하는 것을 추천한다. 크랙필러는 기본적으로 화이트 색상이기 때문에 화이트 벽에서는 거의 티가 안 나게 사용할 수 있다. 우드톤의 벽이나 가구라면 이미 다양한 우드 색상으로 출시된 우드필러를 사용한다. 색상이 있는 우드 필러는 다 마르고 나면 톤이 한 단계 올라가기 때문에 이 부분을 기억해서 색상을 선택하자

크랙필러와 우드 필러

그런데 그 외 색상의 벽이라면 어떻게 해야 할까? 이때는 크랙필러로 못 자국을 채워준 다음, 벽 전체에 페인트칠을 해주면 감쪽같이 못 자국을 없앨 수 있다. 하지만 페인팅이 어려운 사람도 있을 것이다. 이때 적용해 볼 수 있는 방법까지 함께 알아본다.

(1) 안 쓰는 카드로 못 자국 처리하기

- 못 자국 주변을 400방 사포를 이용해서 평평하게 만들기
- 못 자국 위에 크랙필러를 짜주기

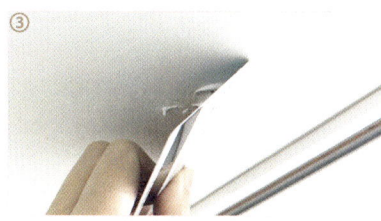
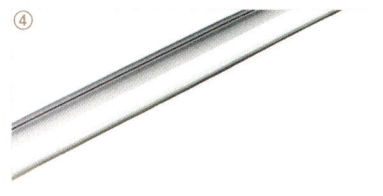

- 사용하지 않는 카드를 이용해서 크랙필러를 평평하게 펴주기
- 크랙필러가 다 마르면 페인트칠을 해서 주변과 컬러를 맞추기 (생략가능)

(2) 주사기로 못 자국 처리하기

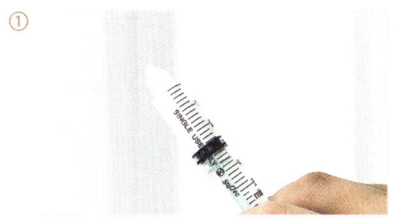

- 크랙필러나 우드 필러를 주사기에 넣어서 준비하기
- 주사기 앞부분이 들어갈 정도의 못 자국에 사용하기

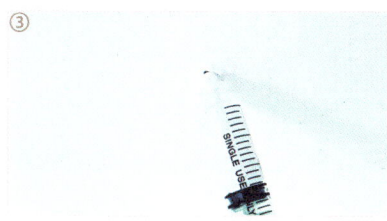

- 못 자국에 정확하게 대고 못 자국이 채워질 만큼만 짜서 구멍을 막아주기
- 못 자국 주변에 묻은 크랙필러가 있으면 물티슈로 닦아내주기

구경하기: 편안한 느낌이 충만한 집

Before

작지만 알차게 구성된 주방

채광이 좋은 거실공간

Plan

- 채광을 느끼며 따뜻함을 느낄 수 있도록 창가를 꾸미기
- 집 전체에 있는 연한 베이지 톤과 잘 어우러지도록 스타일링 하기

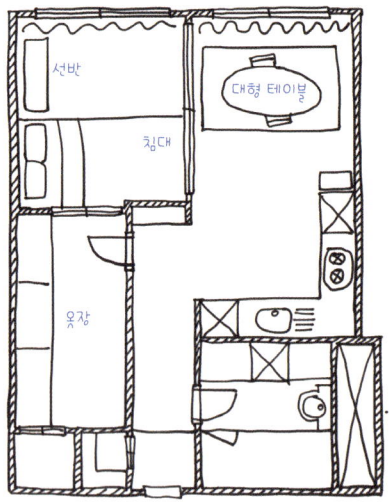

빛은 통과하면서 외부 시선 차단이 가능한
커튼을 설치해서 부드러움과 기능을 모두
챙기고 식물들로 편안한 느낌을 연출

사이즈 조절이 가능한 확장형 테이블로 공간을 확보하여 요리나 다양한 작업에 편의성 증가
식탁보를 사용하면 또 다른 분위기로 변신이 가능해 촬영 테이블로 사용하거나 창가 거실에 배치해서 코지 코너를 만드는 등 여러 가지로 활용도가 높음

기본 화이트 침구에 부드러운
베이지 침구와 골드 라인 포인트의
쿠션을 매치해서 편안한 느낌을
극대화

침구는 포인트 컬러를 바꿔주면서 또 다른 느낌으로 연출해보기

커다린 사이잘룩 러그와 커튼으로 편안한 느낌을 연출한 거실은
블라인드를 덧대어 활용했을 때 조금 더 단정한 분위기로 변신

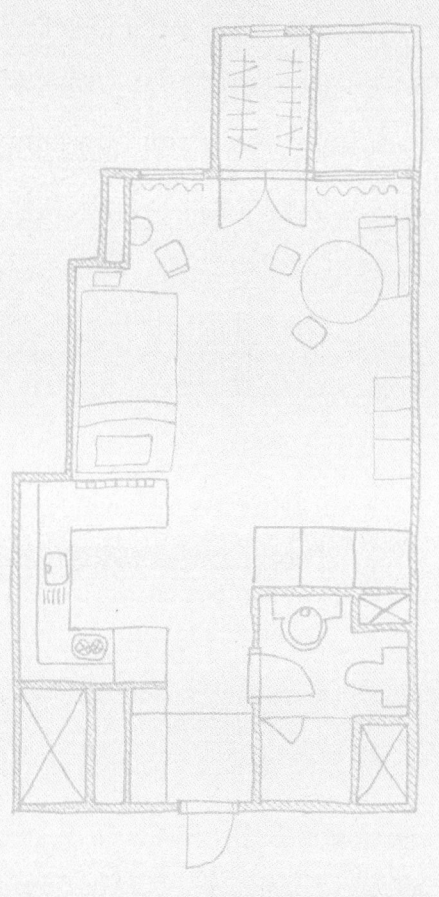

살아가기

지독하게, 집요하게

초심을 잡아야 할 때가 왔다. 책의 앞부분에서 내 집의 무드를 잡을 때 딱 하나만 정했으면 좋겠다고 했던 것을 기억하는가? 그것은 바로 컬러다. 여기에 해당하는 것은 집의 어느 부분까지일까? 가구와 침구, 커튼 정도 컬러를 맞추면 된다고 생각할지 모르겠지만 필수로 생활용품까지도 컬러를 맞춰야 한다. 실제로 내가 가장 많이 손을 대는 부분이기도 하고 전체적인 톤을 맞춰서 꾸민 공간에 엉뚱한 컬러의 생활용품이 들어가면 역효과가 나타나서 컬러가 안 맞는 그것, 보기 싫은 그것만 눈에 더 잘 띄게 된다.

슬리퍼, 발매트, 컵 걸이대, 식기건조대, 빨래 바구니, 휴지통 등 이런 생활용품의 컬러에 지독하게 집착하고 집요하게 찾기를 추천한다. 이렇게 통일감을 준다면 작은 피로감에 잠시 집안일을 미루더라도 스트레스가 조금은 줄어들 것이다.

여기에서도 보면 같은 싱크대인데도 수세미와 세제통, 청소솔을 통일된 그레이로 맞췄을 때와 현란한 형광색일 때 느낌 자체가 다르다는 걸 알 수 있다.

Before  After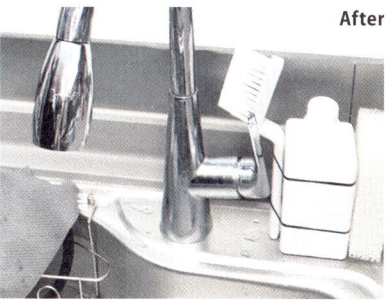

    매일 사용하는 생활용품들을 잘 정돈하고 유지하려면 나만의 '우리 집 마감 시간'을 만드는 것이 좋다. 보통 어머니들께서 식구들의 식사를 모두 클리어하고 정리가 끝나면 "이제 주방 마감!"이라는 말을 많이 하신다. 이처럼 청소와 정돈을 통해 모든 물건이 제자리를 찾고 깔끔하게 정돈된 상태가 되면 '우리 집 마감'이 되는 것이다. 마감은 자기 전 시간에 하는 것이 일반적이지만 꼭 그럴 필요는 없다. 나의 경우 마감 시간을 아침 식사를 마치고 난 후로 정했다. 그때 집을 정리하면 하루 종일 좋은 기분으로 집에서 일도 하고 쉴 수도 있다. 우리 집 마감 상태 정도도 나에게 맞게 설정한다. 나에게 부담을 주지 않는 선에서 매일 마감하는 습관을 들이면 수세미마저 정갈하게 느껴지게 될 것이다.

프레임 밖은
좀 위험해도 괜찮아

혹시 좋아하는 나만의 셀카 각도가 있는가? 같은 얼굴인데도 어느 각도로 찍는지에 따라 모습이 참 달라 보인다. 집도 똑같다고 할 수 있다. 모든 방향에서 보는 모습이 다 감각적일 수는 없다. 집은 내 삶을 담는 그릇이다. 집에 흐트러짐이 하나도 없다면 그것은 다소 부자연스러울 것이다.

홈오피스부터 홈리데이, 홈짐, 홈시네마에 이르기까지 집에 머무는 시간이 길어지면서 집에 대한 가치는 분명하게 바뀌었고 내 가치관에 있어서도 최상위 VVIP 등급을 차지하고 있다. 전에는 스쳐 지나갔던 집의 어색함도, 어수선함도 이제는 눈에 거슬리게 되다 보니 감각적인 집, 깔끔한 집을 모두가 원한다. SNS에는 사각의 프레임 속에 아름다운 아이템들로 가득한 집들이 넘쳐나고 당신은 내 집을 그런 집들과 번갈아 보면서 상대적 박탈감을 느끼기도 할 것이다. 하지만 그들처럼, 내가 원하는 대로 잘 꾸미지 못해서 또는 잘 꾸민 공간을 잘 유지하지 못한다고 하여 자책할 필요는 전혀 없다. 집은 근본적으로 나를 위한 공간이다. 내가 편안하길 집도 바라고 있다는 것을 잊지 말자. 내 집에 내가 좋아하는 한 부분 그것 하나만 잘 유지해도 행복이 따라온다. 프레임 밖이 좀 위험하면 어때, 온 집안을 스튜디오처럼 만들 필요도 없고 또 집 꾸미기 초보인 독리버들에게 모든 공간을 감각적으로 만드는 건 매우 고차원적인 미션일 수밖에 없다. 감각존 하나와 깔끔존 여러 개로 구성된 집이야말로 당신에게 편안함을 선사한다.

"참 고마웠어"라고 말할 수 있기를

최근 어떤 프로그램에서 성공한 스타가 예전에 지내던 집을 다시 찾아가 추억을 돌아보고 지금 살고 있는 사람들에게 좋은 공간을 선물하는 모습을 본 적이 있다. 예전에 그 집에 살았던 스타들은 하나같이 예전 집의 모습을 보며 감동하고, 좋았던 기억을 떠올린다. 그 이야기를 들은 현재 거주자는 집의 히스토리에 대해 함께 공감하고 집의 좋은 기운이 지금까지 이어지고 있다며 행복해했다. 집이란 그런 것이다. 한 사람의 거울이며 역사인 집은 그 안에 담긴 이야기가 있기에 더욱 특별하다.

만남이 있으면 반드시 헤어짐도 있다. 짧게는 2년, 길게는 6년 이상 내 거울이었던 집을 떠난다고 생각하면 집과의 첫 만남만큼이나 강렬하고 복잡한 감정이 당신을 사로잡을 것이다.

기쁨과 슬픔이 공존하는 감정 속에 지난 시간 동안 집에서 당신이 어떤 감정을 느꼈고 어떤 추억들을 만들었는지에 따라 마지막 감정은 달라진다. 복잡한 감정 속에서 나는 여러분이 '고마움'이란 감정만은 꼭 느끼기를 바란다. 그리고 어느 정도 의무감을 가지고 이 집에 들어올 다른 청춘을 위해서 집을 아껴주고 이를 통해 여러분의 삶도 아껴주길 바란다. 그 선한 기운은 계속 집에 남아 다른 여러 독리버에게도 스며들 것이다.

독립을 결정하고 처음 나만의 공간을 마주했을 때의 생각을 떠올려보자.
'너무 작은 공간인데 과연 필요한 것이 다 들어갈까?'
'예산이 너무 적어서 꾸미기 어려울 것 같은데…'
'나갈 때 원상복구를 해야 한다는데 어떻게 하지?'
이 책을 통해 여러분이 처음 떠올렸던 이런 걱정과 고민이 행복과 자신감으로 변화했기를 바란다. 내 삶은 내 공간에서 만들어진다. 그렇기에 내 공간을 방치하는 것은 내 인생의 일부를 방치하는 것과 다르지 않다. 그러나 반대로 생각한다면 내 공간을 멋지게 연출할 수 있다면 내 인생의 일부도 멋지게 바꿀 수 있다는 뜻이다. 누구나 쉽게 자신의 집을 가꾸면서 현재를 만들고 미래를 준비하는 생기 있는 삶을 누리길 소망한다.

찾아보기

숫자

8:2 법칙	159
11자 구조	124

C

Cool Tone(쿨톤) 조합	44

L

LED바 조명	131

W

Warm Tone(웜톤) 조합	42

ㄱ

가구	46
가구 배치 팁	74
가구 용도	161
가리개 커튼	141
가벽 파티션	87
가전	46
간접 조명	131
개방감	78
개방형 책장	87
건물 뷰	76
건전지 전동 드라이버	61
걸레받이	108
겉커튼	141
겹침 시공	105
공간을 나누는 4가지 방법	86
공간의 회복 탄력성	159
공구	61
극세사	135
기본 조명	128
깔끔한 집	153
꼭꼬핀	168
꼭꼬핀 자국 처리	168

ㄴ

나비주름커튼	140
나사 고리	130
낮은 가구	78
넓어 보이는 가구 배치 비법	84
누비 이불	137

ㄷ

단모 러그	143
대칭 구도	124
대피소	160
더블 대칭 구도	124
덧방 시공	105
도배 로라	108

ㄷ

독리버	4
독립	16
똑똑한 예산 분배	46

ㄹ

러그	132
러그 스타일링	142
러그 종류	143
집의 레벨	22
레이어드 홈	55
리넨	134
리듬감	125
리스트 점검	57

ㅁ

마법의 주문	55
마스킹 테이프	63
만능 풀 바른 벽지	105
매직 스티커 벽지	97
매트리스 깔판	50
멀티 가구	89
메인 컬러	39
면	135
모달	135
못 자국 처리	170
무드를 담은 집	153
문걸이용 전신거울	89
문걸이 훅	90
물음표 고리나사	130
미니 전동 드라이버	61
미래 가치	54

ㅂ

바닥재	113
바이오 실리콘	62
베이스 컬러	39
벽돌벽 뷰	76
벽지 셀프 페인팅	100
보양 마스킹 테이프	63
부피 확보	78
분명한 아이디어	36
브라켓(브래킷)	139
블라인드	165

ㅅ

사생활 보장	76
사이잘룩 러그	143
삼각 쿠션	50
삼각형 구도	123
생활 동선에 따른 물건 위치	155
생활용품	46
선순환	157
셀프 도배	105
셀프 바닥 시공	113
셀프 장판	113
셀프 페인팅	100
소품	46
소품 배치	122
속커튼	141
수납	89
수납공간	157
시각적 소음	120
시공 범위	49
시선의 사각지대	80

시트지	109
실리콘	62
실측	21
실크 벽지	105
싱크대 손잡이 교체	112

ㅇ

아일랜드 식탁	145
아일릿(아일렛)커튼	140
아크릴 테이프	167
악순환의 고리	157
안뚫어고리	165
안전	74
에코씰	62
예산 계획	47
예산 분배 조정	51
예산 절감	52
오픈 책장	146
옷장	89
외곽선 정리하기 스킬	120
우드필러	170
우리 집 마감 시간	183
원근감	74
원상복구가 가능한 시공	96
원상복구의 의무	165
이동식 수납 스툴	59
인견(레이온)	134
인테리어 필름지	109

ㅈ

자재	46
장모 러그	143
장판 시트지	115
전선 홀더	130
접착식 데코타일	114
접착식 띠 장판	114
접착제 제거 스프레이	166
조명	128
조화	94
족자형 빔프로젝터 스크린	90
좋은 집	18
주인공	82
중립지대	160
집의 영역	85
집을 대하는 자세	18

ㅊ

차렵 이불	136
창문	76
채광	74
채광 조절	76
청결	74
취향	34
침구	132
침구 스타일링	133
침구 종류	134
침대 헤드	88

ㅋ

커버 형 이불	136
커튼	132
커튼레일	139

커튼 박스	165
커튼봉	139
커튼 설치	165
커튼 스타일링	138
커튼 용어	139
커튼 종류	141
커튼핀	139
컨설팅	5
컬러	38
코드 소켓 조명	129
코드 줄 조명	129
코지 코너	174
크랙필러	170

ㅌ

타공판	145
타일 카펫	98
통일감	182

ㅍ

패브릭	132
팬턴드 조명	130
페인트 종류	102
페인팅 패드	101
평면도	20
평직 러그	143
평커튼	140
포스트잇 벽지	97
포인트 대칭 구도	125
포인트 컬러	39
풀 바른 벽지	105

프라이머	109
플라스틱 서랍장	50
피로도	156
필름지 셀프 시공	109

ㅎ

하비프러너	89
합리적 비용 절감	46
합지 벽지	105
핸디형 전동 드라이버	61
행거 커튼	50
현재 가치	54
홈갤러리	118
홈스터디	55
홈오피스	55
홈카페	55
홈캉스	55
홈트레이닝	55
홑이불	137
확장형 테이블	174
후사고리	139
흐릿한 아이디어	34